Lassy Bouity

L'Afrique après L'Asie Quelle stratégie pour les États-Unis ?

EdiLivre

« *Les États-Unis mettront avant tout l'accent sur la nécessité de donner des moyens d'action accrus à la prochaine génération de leaders africains. Ces jeunes gens et ces jeunes femmes ont démontré à maintes reprises leur volonté et leur capacité de changer en bien leur collectivité et leur pays, et les États-Unis resteront leur allié et partenaire indéfectible. Le partenariat de l'Amérique avec cette nouvelle génération d'Africains dépassera le cadre de notre gouvernement pour s'appliquer aux relations de plus en plus vastes et de plus en plus étroites entre nos peuples, nos entreprises et nos institutions. Ces racines nous aideront à connaître un avenir de démocratie, de paix et de prospérité pour les générations à venir.* »

Barack Obama
Président des États-Unis

Avis aux lecteurs

J'ai préparé le présent ouvrage en se fondant sur des sources d'informations primaires et secondaires. Il n'appuie pas forcément les organisations qui y sont mentionnés, pas plus qu'il ne garantit l'exactitude des renseignements fournis. Il appartient au lecteur de vérifier la justesse et la fiabilité de l'information.

Le présent livre donne une vue d'ensemble de l'économie africaine et ses partenaires à ceux qui désirent connaître les débouchés dont ils peuvent tirer parti. Il ne vise pas à fournir l'analyse en profondeur dont l'économiste pourrait avoir besoin. Bien que tous les efforts aient été mis en œuvre pour s'assurer de l'exactitude des renseignements fournis, je me dégage de toute responsabilité quant à la justesse et à la fiabilité de ces renseignements et aux conséquences des décisions qui pourraient être prises sur la base de ces renseignements.

Veuillez faire parvenir tout commentaire ou suggestion concernant le présent ouvrage à : lassybouity@gmail.com

À MA FEMME,

DOMINIQUE CATALON

Avant-propos

– L'Afrique constitue un marché inexploité où le produit intérieur brut (PIB) par habitant est en croissance et où les environnements d'investissement se stabilisent.

– La croissance économique est en progression dans la région, et celle de certains pays frôlait les deux chiffres avant la crise financière.

– En 2012, la moitié des dix pays à la croissance économique la plus rapide du globe devraient être des pays africains.

– Le continent africain est un marché diversifié de plus d'un milliard de consommateurs. Avec l'urbanisation croissante et des modes de vie plus occupés, la demande en divers produits importés devrait augmenter.

– Les économies africaines ont tous des taux de croissance projetés particulièrement élevés, et des consommateurs de plus en plus aisés, susceptibles d'accroître leurs dépenses en produits alimentaires importés.

– Ces pays affichent un large éventail de niveaux de revenu et de goûts de consommation, ainsi que des attributs communs de progression de la croissance et de la stabilité, ce qui présente des possibilités à exploiter pour les exportateurs.

En 2012, la production a progressé de 5,1 % en Afrique subsaharienne. Une accélération modérée est prévue en 2013 et 2014, l'amélioration de la conjoncture mondiale s'accompagnant d'une accentuation progressive de la croissance économique. Il est probable que les pays à revenu intermédiaire continueront de se développer à un rythme plus lent que le reste de la région ; ainsi, en Afrique du Sud, la croissance économique ne remontera que peu à peu par rapport au faible niveau enregistré en 2012. L'inflation de la région était tombée à près de 8 % en moyenne fin 2012 et, si la tendance actuelle se confirme, pourrait descendre en dessous de 6 % d'ici à la fin de 2014. La réalisation de ces prévisions est examinée tout au long de ce chapitre du point de vue de l'action requise de la part des dirigeants.

Ainsi, la croissance économique a généralement conservé sa vigueur en Afrique subsaharienne et devrait s'accélérer peu à peu au cours des années à venir. Bien que les risques immédiats qui pesaient sur l'économie mondiale se soient atténués, on peut s'attendre à ce que la reprise soit lente et inégale dans les pays avancés, ce qui aura pour effet de freiner la croissance économique mondiale, laquelle devrait commencer à se redresser lentement après avoir chuté en 2012. Les facteurs qui ont alimenté la croissance en Afrique subsaharienne pendant la Grande Récession, à savoir le dynamisme de l'investissement, des prix favorables pour les matières premières et une gestion macroéconomique généralement prudente, restent d'actualité, tandis que, du côté de l'offre, les évolutions devraient être globalement favorables. Les mesures qui s'imposent sur le plan macroéconomique diffèrent d'un pays à l'autre, mais la reconstitution des marges de manœuvre budgétaires pour affronter d'éventuels chocs extérieurs reste prioritaire dans beaucoup de pays.

Les perspectives à court terme de l'économie mondiale s'améliorent, mais il est probable que la période à venir ne sera pas de tout repos. Des risques importants subsistent, mais les dirigeants des économies avancées ont pour l'essentiel réussi à écarter les menaces qui pesaient sur la reprise économique et, les risques extrêmes s'étant éloignés, les marchés financiers internationaux ont enregistré une nette remontée depuis le milieu de l'année 2012. D'après les indicateurs à haute fréquence récents, la reprise s'affermit aux États-Unis tandis qu'au Japon les mesures de relance budgétaires et monétaires donneront un coup de pouce à l'économie ; en revanche, l'activité est encore faible dans la zone euro, où l'amélioration des indicateurs financiers ne s'est pas encore traduite par un redémarrage de l'activité économique.

La croissance devrait être soutenue dans les pays émergents, hormis ceux d'Europe, et les craintes d'un ralentissement brutal de la croissance en Chine se sont dissipées. Globalement, l'édition d'avril 2013 des Perspectives de l'économie mondiale du FMI prévoit une légère progression de la croissance économique mondiale en 2013, qui passerait de 3,2 % à 3,3 % avant de s'accélérer sensiblement pour atteindre 4,0 % en 2014. Les taux d'intérêt de référence des pays avancés devraient rester à des niveaux historiquement bas, tandis que les prix des produits de base devraient baisser modérément (de 6 % en chiffres cumulés) jusqu'à fin 2014.

L'Afrique subsaharienne a affiché de solides résultats et devrait continuer de le faire. La croissance de la production a été en moyenne de 5,1 % en 2012 et, d'après les projections, devrait atteindre 5,4 % en 2013, puis 5,7 % en 2014.

Au niveau régional, l'inflation est descendue de plus de 10 % en 2011 à 7,9 % en 2012, et le mouvement de baisse devrait se poursuivre en 2013–14.

La croissance est vigoureuse dans la plupart des pays d'Afrique subsaharienne, où seul le groupe des pays à revenu intermédiaire de la tranche supérieure se heurte au problème d'une activité économique léthargique. Dans l'ensemble, l'inflation évolue de façon favorable, hormis pour un petit nombre de pays où elle reste obstinément supérieure à 10 %. Les déficits extérieurs courants sont élevés pour un grand nombre de pays à faible revenu, mais les investissements directs étrangers destinés au secteur

12

des exportations semblent jouer un rôle central dans le financement de ces déséquilibres. Les pays pionniers accèdent aux marchés obligataires internationaux en bénéficiant de marges qui, d'un point de vue historique, sont plutôt faibles.

Dans une situation apparemment aussi favorable, quelles devraient être les préoccupations des décideurs ?

Au Ghana, le déficit budgétaire et le déficit des transactions courantes ont atteint des niveaux élevés qui ne sont pas viables : un rééquilibrage des finances publiques est impératif pour maîtriser les « déficits jumeaux » et mettre un terme à l'accumulation constante de dette publique.

L'Angola, après avoir reconstitué ses amortisseurs budgétaires d'avant la crise, envisage une relance budgétaire d'environ 10 % du PIB en 2013–14, ce qui suscite des préoccupations eu égard à la capacité d'absorption du pays et à sa capacité de dépenser des montants très élevés de façon efficace.

Le cas de la République du Congo est comparable. En effet, la très forte augmentation des dépenses suscite de graves préoccupations qui ont trait à la capacité d'absorption du pays et à la rentabilité des dépenses.

C'est aussi dans cette perspective que les avantages de l'AGOA, sous la forme de préférences commerciales, s'étendent aux pouvoirs publics, aux entreprises et aux créateurs d'entreprise en puissance, dans les pays qui progressent dans la voie de l'application de réformes économiques, juridiques et en matière de droits de l'homme.

Les pays à faible revenu d'Afrique subsaharienne affichent depuis longtemps déjà de bons taux de croissance, mais cette croissance n'a rien d'extraordinaire au vu des taux de croissance habituels des pays en développement. Cette croissance ne se traduit pas par une augmentation de l'emploi salarié, ni par une réduction de la pauvreté au rythme qui serait nécessaire pour atteindre les objectifs du Millénaire pour le développement (OMD).

Alors que les dirigeants s'efforcent d'affronter les défis plus larges du développement, il sera essentiel de préserver la solidité des cadres macroéconomiques tout en renforçant les systèmes financiers, même si ces actions ne suffiront pas et devront être complétées par des mesures résolues pour relever le défi de la création d'emplois.

Depuis plus d'une décennie, l'Afrique subsaharienne connaît une croissance soutenue. Les perspectives à court terme laissent entrevoir une accentuation de cette tendance, avec une amélioration des niveaux de vie. Cela dit, étant donné que la population active, déjà caractérisée par des niveaux élevés de chômage et de sous-emploi déclarés, va augmenter fortement au moment où l'Afrique récolte les dividendes de son évolution démographique (baisse des taux de dépendance), il est clairement hors de question de relâcher les efforts.

Abréviations

- **ACP** : Groupe des États d'Afrique, des Caraïbes et du Pacifique
- **APE** : Accord de partenariat économique
- **AGOA** : African Growth and Opportunity Act
- **ASEAN** : Association des Nations du Sud-Est
- **ASS** : Afrique au Sud du Sahara
- **BAD** : Banque africaine de développement
- **CAE** : Communauté d'Afrique de l'Est
- **CEA** : Commission économique pour l'Afrique
- **CEDEAO** : Communauté économique des États de l'Afrique de l'Ouest
- **CEEAC** : Communauté économique des États de l'Afrique centrale
- **CEMAC** : Communauté économique et monétaire de l'Afrique centrale
- **CEN-SAD** : Communauté des États sahélo-sahariens
- **CER** : Communauté économique régionale

- **CNUCED** : Conférence des Nations Unies sur le commerce et le développement
- **COI** : Commission de l'océan Indien
- **COMESA** : Marché commun de l'Afrique orientale et australe
- **CTCI** : Classification type pour le commerce international
- **FMI** : Fond Monétaire International
- **ICA** : Consortium pour les infrastructures en Afrique
- **ICGLR** : Conférence internationale sur la région des Grands Lacs
- **IED** : Investissement étranger direct
- **IGAD** : Autorité intergouvernementale pour le développement
- **MRU** : Union du fleuve Mano
- **NEPAD** : Nouveau Partenariat pour le développement de l'Afrique
- **OIT** : Organisation internationale du Travail
- **PIB** : Produit intérieur brut
- **PME** : Petites et moyennes entreprises
- **SADC** : Communauté de développement de l'Afrique australe
- **UA** : Union africaine
- **UDAA** : Union douanière d'Afrique australe
- **UE** : Union européenne
- **UEMOA** : Union économique et monétaire ouest-africaine
- **UMA** : Union du Maghreb arabe

Introduction

Les États-Unis sont cependant conscients que leurs échanges avec l'Afrique ont récemment diminué en raison de la crise économique internationale et de la variation des cours du pétrole et d'autres matières premières.

L'Afrique n'est généralement pas considérée comme un joueur majeur sur le marché international, et est souvent décrite par les médias comme un continent pauvre, instable sur le plan politique et risqué sur le plan économique. Toutefois, elle constitue un marché inexploité où le produit intérieur brut (PIB) par habitant est en croissance et où les environnements d'investissement se stabilisent. Elle a su résister aux effets de la crise économique mondiale mieux que bon nombre de prédictions. Malgré des pertes d'investissements et un recul des importations, elle a tout de même obtenu de bons résultats. En 2012, la moitié des dix pays à la croissance économique la plus rapide du globe devraient être des pays africains.

Le continent est un marché diversifié de plus d'un milliard de consommateurs au mode de vie en mutation qui sont susceptibles d'accroître leur demande en divers produits importés.

Dire que les États-Unis s'intéressent de nouveau à l'Afrique est un bel euphémisme. Devant la redistribution des cartes géopolitique et économique mondiales, Washington a très vite compris qu'il fallait revoir ses relations avec le continent. Une offensive dictée particulièrement par l'avance prise par la Chine dans le commerce et surtout au niveau de secteurs aussi importants que l'énergie.

Une des critiques aux préférences commerciales en faveur des pays en voie de développement est leur caractère unilatéral. En légitimant leur recours pour réaliser ses objectifs, l'Organisation mondiale du commerce (OMC) n'a fixé que des conditions minimales d'octroi. Ceci fait des préférences commerciales une affaire des pays développés dont les approches différentes crée souvent une discrimination entre pays bénéficiaires de même niveau de développement. L'African Growth and Opportunity Act (AGOA) en est une parfaite illustration. Adoptée en 2000 pour promouvoir le commerce entre l'Afrique subsaharienne et les États-Unis d'Amérique, l'AGOA dépasse le domaine traditionnel d'une loi à cause des relations qu'elle est censée réguler. Ses résultats mitigés et sa contestabilité devant l'Organe de règlement des différends (ORD) de l'OMC doivent amener les bénéficiaires et le donneur à revoir le cadre légal de la coopération.

Une des solutions aux problèmes de renforcement de la capacité des pays dans le commerce international consiste en l'adoption des mesures aussi bien au niveau multilatéral qu'unilatéral. Tandis que les mesures multilatérales sont octroyées à tous les États sans exclusivité, les mesures unilatérales au nombre desquelles les

Accords de partenariat économique (APE) entre l'Union européenne (UE) et les États d'Afrique-Caraïbes-Pacifique (ACP) et la Loi américaine sur la croissance et les opportunités en Afrique plus connue sous l'appellation anglophone African Growth and Opportunity (AGOA), ciblent principalement les pays en voie de développement (PVD) et les pays les moins avancés (PMA).

Cette mesure récompense les efforts fournis par les pays d'Afrique au sud du Sahara (ASS) en matière de démocratie, de respect des droits de l'homme et de la volonté déployée par ces pays d'aller vers plus d'intégration.

L'AGOA est donc un instrument pour promouvoir l'implication du secteur privé américain dans le développement de l'ASS. Dès ses cinq premières années d'existence, l'AGOA a été présentée comme un succès total par les autorités américaines.

Les économistes pensent qu'il est essentiel de trouver un bon équilibre entre le volume du commerce et la diversité des produits exportés pour garantir le développement et la croissance économiques à long terme dans cette partie du monde.

L'AGOA, qui a été modifiée à plusieurs reprises depuis sa promulgation initiale, vise à fournir un traitement préférentiel aux importations en provenance des pays admissibles qui mettent en vigueur des réformes axées sur l'économie de marché.

Les dispositions de l'AGOA exigent, entre autres, du président des États-Unis de fournir une assistance technique et le soutien de son gouvernement aux capacités commerciales des pays admissibles à l'AGOA.

Parmi les organismes fédéraux qui jouent un rôle dans l'aide aux pays africains, figurent l'Agence des États-Unis pour le développement international (USAID), l'Office du représentant des États-Unis pour le commerce extérieur, la Société des États-Unis pour la promotion des investissements du secteur privé à l'étranger, la Banque import-export des États-Unis, le Service commercial des États-Unis pour l'étranger et l'Agence des États-Unis pour le commerce et le développement.

Les échanges commerciaux entre les États-Unis et l'Afrique subsaharienne ont augmenté de plus de 30 % depuis 2008, aussi bien pour les exportations que pour les importations, selon des statistiques publiées par l'Administration du commerce extérieur qui relève du ministère du commerce.

En tête de ces exportations figurent les machines, les

véhicules et pièces détachées, le blé, les produits pétroliers raffinés, les aéronefs et le matériel électrique dont les appareils de télécommunication. Les importations américaines de produits africains se composent principalement de pétrole brut et de voitures.

Ce succès témoigne d'une réelle volonté politique en direction de l'ASS et de la vitalité des échanges entre les deux entités. Il a été rendu possible grâce à d'autres faits marquant la coopération États-Unis/Afrique subsaharienne (EU-ASS) et relatifs au renforcement des capacités des États ASS.

En effet, peu de secteurs économiques en Afrique, en dehors sans doute du textile, auront la possibilité effective de tirer parti des avantages commerciaux consentis et d'attirer des investissements visant cet accès privilégié au marché américain. En outre, les bénéfices de l'AGOA restent limités et surtout captés par les importateurs américains. De surcroît, la liste des pays éligibles à l'AGOA pouvant être modifiée chaque année et les avantages sur les catégories de produits étant définis sur des échéances courtes, il y a peu de chance pour que l'accord permette en fait le développement de nouveaux avantages comparatifs.

Conscient des opportunités qu'offre l'ASS, le Président Georges W. Bush, sur demande des États d'ASS, a signé l'AGOA Acceleration Act en 2004, qui a révisé certaines dispositions de l'AGOA et étendu les préférences commerciales de 2008 à 2015.

En dépit de déclarations optimistes de Barack Obama en 2013 sur le continent, il ne faudra donc pas s'étonner que le retour en force de missions diplomatiques et commerciales américaines, comme lors du Sommet du G8 tenu à Gleneagles en 2005. Les conclusions de ce forum comprenaient des engagements particulièrement forts en faveur du financement de projets de développement d'envergure en Afrique. Les États-Unis promirent alors de hausser substantiellement la part du PIB consacrée au continent. Depuis 2006, les résultats sont assez importants avec 35% de hausse des échanges commerciaux entre les l'Afrique et les États-Unis ainsi que le doublement de la part des investissements directs étrangers (IDÉ) de ces derniers.

Nécessité absolue puisque d'autre part, le commerce bilatéral entre la Chine et l'Afrique est passé de 10 milliards $US en 2000 à plus de 160 milliards $US en 2011, dépassant, dès 2009, les États-Unis en tant que premier partenaire commercial de l'Afrique. Cela risque toutefois de ne pas suffire à court terme, car le retard pris par les États-Unis sur la Chine découle donc de la différence d'approche commerciale indiquée plus haut.

Si depuis un quart de siècle, les Américains sont particulièrement pointilleux sur la nature des régimes politiques et le climat général entourant les affaires, les Chinois sont peu sourcilleux sur ce qu'ils considèrent comme des "affaires internes".

Washington s'en inquiète d'autant plus que cela réduit presque à néant les multiples efforts engagés pour plus de bonne gouvernance, de transparence et de gestion des ressources locales. Ce qui leur vaut également l'accusation américaine de ne rien respecter tant sur le plan environnemental que social, dans leur volonté d'expansion.

Devant une zone africaine dont le fort potentiel économique demeure intact et dont les taux de croissance sont en hausse constante, les attitudes commencent à changer et les duels, se préciser. Pour mieux cibler les investissements, les « missionnaires » américains ont décidé de faire moins appel à des partenariats publics et s'en remettent au secteur privé, moteur de la croissance.

Le tableau de bord de l'économie mondiale indique que 5 des 9 pays ayant connu la plus forte croissance sont africains. Une information qui n'est pas passée inaperçue et en 2011, le géant américain du capital-investissement, Carlyle, a annoncé la levée d'un premier fonds d'environ 500 millions $US consacré à l'Afrique. Et au mois de février dernier, plusieurs entreprises américaines ont parcouru l'Afrique dans le cadre d'une mission commerciale conjointe du Département d'État et le Corporate Council on Africa (CCA), une organisation privée regroupant plus d'une centaine de sociétés et dont l'objectif est de développer les relations entre les investisseurs américains et les secteurs publics et privés africains.

Autant dire que la poussée chinoise a éveillé de nouvelles vocations chez les entrepreneurs américains, pris dans le tourbillon des nombreux préjugés sur l'Afrique. Les efforts de l'American business Power mythique arriveront-ils à produire les mêmes résultats que dans les années 40, 50, 60 et 70 ? Rien n'est gagné d'avance, tant le tournant technologique et les forces financières centrifuges ont changé de berceau et que les joueurs sont… moins complexés.

Relations d'Affaires
États-Unis/Afrique

La Loi sur la croissance et les possibilités économiques en Afrique (AGOA) a considérablement accru les échanges commerciaux entre les États-Unis et l'Afrique et demeure « la pièce maîtresse » de l'engagement des États-Unis en faveur de la région, avait déclaré le secrétaire d'État adjoint aux affaires africaines, Johnnie Carson, à la veille du dernier sommet du forum tenu les 14 et 15 juin 2012. Une affirmation qui s'était concrétisée par des chiffres en hausse constante, qui avait également démontré l'influence de l'administration Obama dans cette donne. La principale disposition qui justifia l'intérêt croissant du président américain et sa volonté de reconduire la Loi. Barack Obama avait par ailleurs manifesté plus concrètement sa nouvelle offensive. C'est dans ce sens que le parlementaire afro-américain, Charles B. Rangel, rappelait « la signature en faveur du Programme de lutte contre le sida lancé par George W. Bush et, depuis mai dernier, de la Nouvelle Alliance pour la sécurité alimentaire et la nutrition du G8 ». Des indices qui éclairent sur la volonté du président Obama de consacrer plus de ressources au renforcement de la présence commerciale américaine en Afrique.

Sur un plan plus général, Barack Obama avait déjà annoncé les grandes lignes de son engagement dans une lettre publiée le 14 juin 2012. Pour le président américain, il faut « stimuler la croissance économique, le commerce et les investissements par le biais d'une focalisation et d'un engagement plus profonds et de l'affectation de ressources supplémentaires ». Cette nouvelle stratégie engage donc les États-Unis à promouvoir un climat propice au commerce et aux investissements, à améliorer la gouvernance économique, à encourager l'intégration régionale, à rehausser la capacité du continent africain d'accéder au marché international et à en retirer des avantages, à encourager les entreprises américaines à commercer avec l'Afrique et à investir dans le continent. On ne peut être plus clair.

Parallèlement à ces dispositions, les avantages de l'Afrique dans ce partenariat d'affaires ne se démentent pas.

Selon le ministère américain du commerce, « les importations aux États-Unis de produits subsahariens ont enregistré une hausse de 14 % par rapport à 2010, due en premier lieu aux importations accrues de combustibles minéraux, de métaux et de pierres précieux, de véhicules et de produits à base de cacao, en provenance principalement du Nigéria, de l'Angola, de l'Afrique du Sud, du Gabon et du Tchad ».

Les États-Unis Reçoivent une Diversité de Produits Africains

D'autre part, dans une allocution prononcée à l'occasion de la Journée mondiale de la gouvernance économique, l'ambassadeur des États-Unis au Cameroun, Robert P. Jackson, indiquait que « depuis l'entrée en vigueur de l'AGOA en 2000, les exportations africaines vers les États-Unis ont quadruplé. Il faut y voir le commerce comme un élément clé du développement africain, a-t-il souligné. C'est pour cette raison que le président Obama soutient et travaille avec le Congrès pour la prolongation de l'AGOA avant 2015.

En 2011, les 40 pays éligibles à l'AGOA ont exporté des produits d'une valeur de 53,7 milliards $US aux États-Unis sous l'égide de l'AGOA et du système généralisé de préférences (GSP). En 2011, le commerce AGOA, le pétrole non compris, avait une valeur de 5 milliards $US, une augmentation de 22% par rapport à l'année précédente ».

Les deux parties y trouvent leur intérêt tant et si bien qu'après le Forum annuel de l'AGOA, le Corporate Council on Africa (Conseil des Entreprises privées sur l'Afrique) a également abrité une conférence sur les infrastructures du 18 au 20 juin et la Conférence USA-Africa Busines s'est tenue à Cincinnati, dans l'Ohio, du 21 au 22 juin. Les travaux de ces deux rendez-vous étaient axés sur l'énergie, les transports, l'eau et l'assainissement.

Les visites de terrain et les efforts visant à faciliter les contacts entre les entreprises américaines et africaines dans le cadre de la conférence de Cincinnati répondent aux demandes africaines pour une interaction accrue et plus profonde avec le secteur privé américain en vue de l'expansion des liens dans les domaines du commerce et de l'investissement.

L'Afrique a donc tiré profit de ses échanges avec les États-Unis à travers l'AGOA malgré certaines dispositions tarifaires et douanières que les responsables s'efforceront de rendre plus flexibles pendant ces dernières années. Tout semble d'ailleurs en bonne voie à cet effet puisque dans une déclaration récente, le directeur adjoint des États-Unis pour le commerce extérieur, Demetrios Marantis, affirmait que « cette loi a vraiment contribué à promouvoir les exportations non traditionnelles et à valeur ajoutée en provenance de l'Afrique. » Des exportations dont les économies africaines admissibles et les États-Unis avaient mutuellement tiré parti et qui appellent également à plus de dérégulation.

L'AGOA, un Facteur d'Accélération des Investissements ?

La Loi sur la croissance et les possibilités économiques en Afrique (AGOA) est entrée en vigueur sous la mandature du président William Jefferson Clinton. Précisons qu'il s'agit d'une loi visant à favoriser le commerce et l'investissement entre les États-Unis d'Amérique et des pays africains préalablement choisis. À l'heure où les BRICs agissent et investissement puissamment en Afrique et où ce continent frôle les 5% de croissance depuis une décennie, l'AGOA a-t-elle facilité l'investissement des États-Unis sur le continent ?

Lorsque l'on parcourt la littérature stratégique concernant les relations entre les États-Unis et l'Afrique, la question du pétrole apparaît régulièrement puisqu'il est pronostiqué que les Américains importeront de plus en plus de pétrole en provenance du continent.

En dévoilant sa stratégie pour l'Afrique le président Obama a indiqué que l'Afrique détenait un potentiel économique sensationnel.

Dans son discours, prononcé lors du 11e Forum de l'AGOA, Hilary Clinton soulignait que six (6) des dix (10) pays qui obtiennent les croissances les plus importantes, sont africains. À l'avenir, ils pourraient même être sept (7). Elle notait également que c'est l'Afrique qui offre le plus grand retour sur investissement.

L'AGOA avait permis une augmentation des échanges commerciaux même s'il y avait encore largement place à l'amélioration. Cette loi qui est considérée par le Corporate ouncil On Africa, comme, la plus importante jamais enregistrée en matière commerciale entre les États-Unis et l'Afrique, a-t-elle aussi aidé l'Afrique à recevoir davantage d'investissements américains ?

Difficile de donner une réponse tranchée sur le sujet. Cependant il faut admettre que les investissements d'agence gouvernementale ou d'opérateurs privés étatsuniens sont relativement faibles.

À la fin de 2006, on parle de 13,75 milliards de Stocks d'IDE en Afrique comparativement à 2374 milliards. La part consacrée à L'Afrique fait donc moins d'un pour cent.

Ainsi, plus que les mines, les gisements d'hydrocarbures aimantent depuis les indépendances les majors américaines, ExxonMobil, Chevron Texaco et ConocoPhillips en tête.

Les États-Unis demeurent, malgré l'appétit chinois, le plus gros importateur de pétrole africain (30 % des exportations du continent). Ils continuent d'y investir, tels Anadarko au Liberia, Amerada Hess en Libye (via le consortium Oasis formé avec Conoco) ou la Trans Global Petroleum Ethiopia Ltd en Éthiopie.

La loi sur la croissance et les possibilités économiques en Afrique (AGOA) et la Société du compte du millénaire (Millenium Challenge Corporation ou MCC) sont les pierres angulaires de la politique de développement en Afrique du gouvernement Obama parce qu'elles se complètent et qu'elles peuvent encourager le commerce et les investissements dans tout le continent.

Les bonnes infrastructures permettent aux entreprises de réduire les coûts, de faciliter la sortie des marchandises et d'améliorer la compétitivité. Le MCC a par exemple financé des projets en Tanzanie et au Mali. Dans le premier cas, il s'agissait d'infrastructure nécessaire au transport des marchandises. Concernant le Mali, c'était au niveau de l'amélioration de l'aéroport.

En 2008-2009, l'on calculait que sur les plus de six (6) milliards de dollars investis par la MCC, il y avait plus de 4 milliards de dollars qui étaient destinés à l'Afrique.

Chacun peut bien mesurer que cette somme est relativement peu importante quand l'on sait par exemple que pour les seuls infrastructures, l'Afrique aurait besoin sur plusieurs années de 93 milliards de dollars. Qui plus est, seuls 11 pays sont touchés par cet investissement alors que l'AGOA concerne une quarantaine.

Le président américain Barack Obama a dévoilé le 14 juin 2012 sa stratégie en faveur du développement de l'Afrique essentiellement axée sur la contre-offensive économique chinoise sur le continent et le renforcement de la sécurité à la menace Al-Qaïda.

« Au moment où nous regardons vers l'avenir, il apparaît clairement que l'Afrique est plus importante que jamais pour la sécurité et la prospérité de la communauté internationale et pour les États-Unis en particulier », a-t-il ainsi déclaré. Renforcer les institutions démocratiques, stimuler la croissance et les investissements, donner la priorité à la paix et la sécurité et promouvoir le développement, tels sont donc les points sur lesquels vont porter les efforts des États-Unis en Afrique. Pour autant, cette nouvelle stratégie reconnaît que seuls les gouvernements et peuples africains peuvent résoudre de façon durable ces défis en matière d'économie et de sécurité. Les États-Unis ne sont là que pour les aider et les accompagner.

Cette nouvelle stratégie des Américains s'inscrit donc dans la droite lignée du discours énoncé il y a plus de quatre (4) ans auparavant par Barack Obama devant le parlement ghanéen à Accra en juillet 2009, où il avait proclamé que l'avenir de l'Afrique appartenait aux Africains. « L'Afrique n'a pas besoin d'hommes forts mais d'institutions fortes », avait-il alors souligné dans ce discours, livrant une vision du continent africain résolument tournée vers l'avenir.

Un avenir où selon lui, les Africains ne devraient plus tolérer des pratiques comme la corruption car : « Aucune entreprise ne veut investir dans un pays où le gouvernement se taille au départ une part de 20%, ou dans lequel le chef de l'autorité portuaire est corrompu. Personne ne veut vivre dans une société où la règle de droit cède la place à la loi du plus fort et à la corruption ».

En marge de l'annonce de la nouvelle stratégie, l'administration Obama a par ailleurs souligné les progrès qui ont été enregistrés en Afrique sous son mandat. Ainsi, tout en accompagnant la naissance du Soudan du Sud, le président américain a également répondu aux crises humanitaires qui ont secoué la corne de l'Afrique et le Sahel et a invité les dirigeants béninois, éthiopien, ghanéen et tanzanien au sommet du G8 à Camp David aux États-Unis.

« Encore une fois, nous regardons vers l'Afrique, parce que les communautés d'Afrique ont été en première ligne sur ces dossiers [le changement climatique, les énergies vertes, la santé et l'éducation mondiale, la prévention des violences extrémistes, la défense les droits de l'homme, etc.] depuis des années », a pour sa part indiqué la secrétaire d'État américaine Hillary Clinton lors d'une rencontre avec un groupe de jeunes Africains à Washington. « Aux États-Unis, nous adorons nous décrire comme le pays où il y a une chance pour tout le monde. C'est un élément de notre fierté nationale. Au XXIe siècle, c'est en Afrique que tout le monde a une chance », a-t-elle déclaré avant de poursuivre :

« Je veux que tous mes compatriotes américains, et particulièrement les entrepreneurs, entendent ça : l'Afrique offre le meilleur taux de retour sur investissements indirects dans le monde ».

C'est dans cette perspective que je me focaliserais sur la mesure américaine, fruit d'un long processus qui exprime l'intérêt que les États-Unis ont commencé à accorder à l'Afrique. Cette mesure récompense les efforts fournis par les pays d'Afrique au Sud du Sahara (ASS) en matière de démocratie, de respect des droits de l'homme et de la volonté déployée par ces pays d'aller vers plus d'intégration.

À deux (2) années de l'expiration de la loi, il nous paraît pertinent de l'examiner dans tous ses aspects afin de mesurer l'ensemble des enjeux et les perspectives à la fois juridiques, politiques, économiques et sociales. Dans la perspective d'une analyse juridique, il convient de noter que l'étude sur les relations commerciales États-Unis/Afrique subsaharienne soulève une problématique au regard de l'approche américaine qui ne découle pas d'un accord conclu avec les États africains. Certes, l'unilatéralisme caractérise la plupart des programmes d'aide au développement et il n'y a rien d'étonnant à ce qu'un État donneur détermine les conditions d'entrée des produits des États bénéficiaires sur son territoire.

Toutefois, on peut observer que l'AGOA, en octroyant des préférences commerciales n'est pas seulement un programme d'aide, elle vise aussi à promouvoir les relations commerciales entre l'ASS et les États-Unis. En d'autres termes, elle fonctionne suivant les principes fondamentaux de préférences commerciales et d'assistance technique pour promouvoir davantage le commerce entre les États-Unis et l'Afrique ainsi que les investissements directs. D'où l'intérêt de se demander si une telle démarche n'aurait pas dû relever d'un accord conclu avec les partenaires. Les préférences prenant fin en 2015, l'avenir des relations doit se discuter dès maintenant afin d'envisager sous quelles formes elles pourront continuer.

Au-delà des possibilités qu'offre l'AGOA, la coopération Sud-Sud a apporté des avantages considérables sur l'économie du continent.

Les relations économiques et commerciales entre l'Afrique et ses partenaires émergents se sont encore consolidées, accrues et renforcées ; continuant à offrir au continent, à côté de ses partenaires traditionnels, desquels il ne s'agit pas de se détourner, de nouvelles opportunités susceptibles de l'accompagner dans ses efforts de croissance, de développement durable, de lutte contre la pauvreté et d'une meilleure insertion dans l'économie mondiale. Cette réalité a marqué une continuité dans la tendance observée depuis près d'une décennie en ce qui concerne l'intensification de la coopération Sud-Sud et notamment l'établissement de partenariats stratégiques entre l'Afrique et les économies émergentes ; il s'agit là d'une des tendances majeures et lourdes du nouveau rapport de l'Afrique au monde.

Ce fut notamment le cas avec la Chine, l'Inde, le Brésil, la Corée, la Turquie et la Fédération de Russie.

L'importance des étapes franchies, des orientations données ou confirmées et des actions concrètes réalisées ont été variables d'un partenaire à l'autre.

Les américains et les chinois sont aussi en rivalité dans certains pays du continent africain. Ces deux pays ont également renforcé leurs présences en Afrique ces dernières années dans plusieurs domaines.

Enfin, il est important de stimuler le commerce intra-africain pour créer des emplois, promouvoir l'investissement, encourager la croissance et renforcer l'intégration des pays africains dans l'économie mondiale est l'un des principaux objectifs de l'intégration régionale en Afrique.

Ceci étant, l'année 2012-2013 a été riche en faits.

Les relations commerciales États-Unis/Afrique : qui bénéficie réellement de l'AGOA ?

Le Commerce Entre les Etats-Unis et l'Afrique Un Puissant Moteur de Croissance

L'une des solutions aux problèmes de renforcement de la capacité des pays dans le commerce international consiste en l'adoption des mesures aussi bien au niveau multilatéral qu'unilatéral. Tandis que les mesures multilatérales sont octroyées à tous les États sans exclusivité, les mesures unilatérales au nombre desquelles les Accords de partenariat économique (APE) entre l'Union européenne (UE) et les États d'Afrique-Caraïbes-Pacifique (ACP) et la Loi américaine sur la croissance et les opportunités en Afrique plus connue sous l'appellation anglophone African Growthand Opportunity Act (AGOA), ciblent principalement les pays en voie de développement (PVD) et les pays les moins avancés (PMA).

En tant qu'instrument devant favoriser le développement, l'AGOA renferme des dispositions qui laissent envisager la possibilité de son adaptation à l'évolution du contexte.

Le principal objectif de la Loi sur la croissance et les possibilités économiques en Afrique (AGOA) est de favoriser l'augmentation du volume et la diversification des relations commerciales entre les États-Unis et l'Afrique subsaharienne.

M. Obama a précisé que « les économies d'Afrique subsaharienne comptent parmi celles qui connaissent les croissances les plus rapides dans le monde, et cette expansion économique en partie grâce aux investissements que nous effectuons depuis longtemps en Afrique est l'occasion de sortir des millions de personnes de la pauvreté et de promouvoir la stabilité à long terme. »

Pour mettre en œuvre la volonté de M. Obama de soutenir le développement en Afrique subsaharienne, la Maison-Blanche a lancé la première Stratégie des États-Unis envers l'Afrique subsaharienne en juin 2012. Le plan vise à stimuler la croissance économique, le commerce et les investissements et à promouvoir les possibilités et le développement dans toute la région. Il souligne également l'importance d'institutions démocratiques fortes.

Selon Francisco Sánchez, sous-secrétaire au commerce, la croissance économique de l'Afrique subsaharienne devrait s'élever à plus de 5,6 % en 2013, et atteindre 6,1 % en 2014.

C'est dans cette perspective qu'en novembre 2012,

lors du lancement d'une initiative des États-Unis visant à encourager les entreprises américaines à accroître leurs relations commerciales avec les pays africains, le président Obama a déclaré que « l'Afrique subsaharienne est une région aux possibilités de croissance et de développement économiques extraordinaires ».

L'Éthiopie, en collaboration avec les États-Unis, a accueilli le Forum États-Unis-Afrique subsaharienne sur la coopération économique et commerciale 2013, sous le thème « La transformation durable à travers le commerce et la technologie », les 12 et 13 août à Addis-Abeba. Les délégués ministériels Américains et Africains ont discuté sur le futur de l'Agoa.

Cet événement a rassemblé les délégués ministériels africains et une délégation menée par le représentant des États-Unis pour le commerce extérieur, Mike Froman. Au cœur des discussions, la révision et la prorogation de l'African Growth Opportunity Act (Agoa, la loi sur la croissance et les possibilités économiques en Afrique) qui expire en septembre 2015. Le président Obama a annoncé qu'il travaillerait avec le Congrès pour proroger l'AGOA au-delà de son échéance actuelle.

Adoptée en mai 2000, cette loi américaine exempte de droits de douane plus de 70% des produits en provenance d'Afrique subsaharienne. En 2013, 40 pays africains y ont été déclarés éligibles. Le Zimbabwe, la Guinée équatoriale et le Soudan notamment en sont exclus.

Ainsi, les pays d'Afrique subsaharienne ne profitent que de 300 des 6 400 lignes tarifaires exemptées de droits de douane via l'Agoa et le Système généralisé de préférence (ouvert à tous les pays en voie de développement). En 2012, les produits pétroliers représentaient 86% des exportations africaines réalisées dans le cadre de l'Agoa.

C'est pourquoi la diversification des exportations et la transformation des produits agricoles en des produits exportables de plus grande valeur pourraient contribuer à accroître la sécurité alimentaire dans cette partie du monde si l'on s'attaque à la question de la disponibilité et de la stabilité des denrées alimentaires.

Les États-Unis souhaitent également davantage de réciprocité et un meilleur accès aux marchés africains pour les exportations américaines. Comme l'a indiqué Mike Froman, pour améliorer l'initiative Agoa, « il est temps de déterminer ce qui a fonctionné pour les exportateurs africains et les entreprises américaines ».

Cependant, les exportations Agoa représentent une part minoritaire des échanges hors-pétrole des pays africains. En 2011, 79% des importations américaines en provenance d'Afrique subsaharienne venaient de trois pays : le Nigeria (47%), l'Angola (19%) et l'Afrique du Sud (13%). Ceci réduit le pouvoir de négociation des États-Unis, notamment face aux concurrents tels que l'Union européenne. Cette dernière offre un accès libre de droits à presque toutes les exportations en provenance des Pays les moins avancées à travers l'initiative Everything But Arms (Tous sauf les armes). De la même façon, les Accords de partenariat économique (APE) en négociation avec les pays ACP couvrent plus de lignes tarifaires que l'Agoa.

Certains experts estiment que trouver le juste équilibre entre le volume commercial et la diversité des exportations est crucial pour le développement et la croissance économiques à long terme.

En 2012, les pays africains admissibles ont exporté près de 35 milliards de dollars de produits vers les États-Unis dans le cadre de l'AGOA et des dispositions afférentes du Système généralisé de préférences (SGP). Depuis le début du programme, les exportations effectuées ont enregistré une hausse de plus de 300 %.

Bien que les produits pétroliers aient représenté 84 % des importations liées à l'AGOA aux États-Unis en 2012, le programme a également contribué à promouvoir d'autres exportations à valeur ajoutée, tels que les véhicules, les vêtements, les chaussures, les produits agricoles transformés et les produits finis, d'après les statistiques du gouvernement des États-Unis. En effet, les exportations, hors pétrole, vers les États-Unis en provenance de l'Afrique subsaharienne se sont élevées à 4,7 milliards de dollars en 2012, soit une hausse de 250 % depuis la promulgation de l'AGOA.

En tête de ces exportations, due à la demande, figurent les machines, les véhicules et pièces détachées, le blé, les produits pétroliers raffinés, les aéronefs et le matériel électrique dont les équipements de télécommunication. Les importations américaines de produits africains se composent principalement de pétrole brut et de voitures.

L'AGOA permet à 39 pays africains admissibles d'exporter la plupart de leurs produits en franchise de douane aux États-Unis. Les 39 pays participant à l'accord sont l'Afrique du Sud, l'Angola, le Bénin, le Botswana, le Burkina Faso, le Burundi, le Cameroun, le Cap-Vert, les Comores, la Côte d'Ivoire, Djibouti, l'Éthiopie, le Gabon, la Gambie, le Ghana, la Guinée, le Kenya, le Lesotho, le Libéria, le Malawi, Maurice, la Mauritanie, le Mozambique, la Namibie, le Niger, le Nigeria, l'Ouganda, la République du Congo, le Rwanda, São Tomé et Principe, le Sénégal, les Seychelles, la Sierra Leone, le Soudan du Sud, le Swaziland, la Tanzanie, le Tchad, le Togo et la Zambie.

La Stratégie des Etats-Unis
en Afrique Subsaharienne

Dès son entrée en fonction, le président Obama s'est déclaré acquis au principe de gouvernements solides, transparents et responsables ainsi qu'au développement durable en Afrique. Dans son discours devant le Parlement du Ghana en juillet 2009, le président avait déclaré que l'Afrique constituait une partie fondamentale de notre monde interconnecté et il a prôné un partenariat avec l'Afrique qui soit fondé sur la responsabilité mutuelle et sur le respect mutuel.

La Stratégie de sécurité Américaine, rendue publique en mai 2010, renforçait cette vision et appelait à un partenariat avec les pays africains qui développent leur économie et renforcent leurs institutions démocratiques et la gouvernance. En juin 2012, le président avait approuvé une Directive présidentielle de politique générale qui forme les contours de sa vision de la politique des États-Unis à l'égard de l'Afrique subsaharienne.

Le gouvernement Américain avait appuyé le développement démocratique en renforçant les institutions et en confrontant les dirigeants dont les actions menacent les transitions politiques pacifiques, y compris en Côte d'Ivoire, tout en faisant avancer la paix et la sécurité en jouant un rôle décisif dans la naissance du Soudan du Sud, en soutenant la mission de l'Union africaine en Somalie et en collaborant avec des partenaires régionaux pour contrer le comportement prédateur de l'Armée de résistance du Seigneur. Washington avait ouvert un dialogue avec les jeunes leaders africains qui façonneront l'avenir du continent, mais aussi investi dans des partenariats de développement destinés à encourager une croissance économique soutenue, à promouvoir la sécurité alimentaire, à accroître la résilience face au changement climatique et à améliorer la capacité des pays et des collectivités en matière de lutte contre le VIH/sida, le paludisme et d'autres menaces pour la santé.

Les États-Unis a été le chef de file mondial dans le domaine de la réponse aux crises humanitaires, y compris dans la Corne de l'Afrique, tout en travaillant en même temps avec les partenaires africains en vue de promouvoir la résilience et de prévenir de futures crises.

Les économies des pays d'Afrique subsaharienne sont parmi celles dont la croissance est la plus rapide au monde. Un nombre croissant de gouvernements africains et d'organisations régionales commencent à assumer un rôle de premier plan pour ce qui est de relever les défis sécuritaires et politiques à l'intérieur de leurs frontières et par-delà, et leur influence va croissant dans les enceintes internationales. L'Union africaine est un leader important en ce qui concerne les questions politiques, diplomatiques et liées au maintien de la paix sur l'ensemble du continent. Dans le même temps, l'urbanisation et l'accroissement de la population jeune en Afrique change en profondeur la démographie de la région, et les jeunes font entendre leur voix de plus en plus souvent.

Si le continent peut se targuer d'acquis importants en matière de démocratie et de renforcement des institutions, le fait est que ces gains sont fragiles. Il reste encore trop de pays dans lesquels la transition est inégale et lente et où les dirigeants refusent de céder le pouvoir. Dans beaucoup de pays, la corruption est endémique, et les institutions publiques demeurent faibles. Non seulement ils érodent la légitimité des gouvernements, mais ces facteurs entravent aussi les activités commerciales locales et les investissements étrangers. Bien que la plus grande partie des terres arables au monde soient concentrées en Afrique comme c'est le cas, du reste, d'une bonne partie des ressources halieutiques mondiales, le secteur agricole de nombreux pays subsahariens est sous-performant, et la pauvreté reste un handicap pour trop de gens. Les défis transnationaux à la sécurité posent des menaces à la stabilité et à la croissance économique de la région ainsi qu'aux intérêts des États-Unis.

Face à ces potentialités et à ces défis, Washington avait affirmé qu'il ne se laissera guider par ses intérêts fondamentaux en Afrique subsaharienne : veiller à la sécurité des États-Unis, des ressortissants américains, de leurs alliés et partenaires, promouvoir les États démocratiques qui sont dynamiques au plan économique et de solides partenaires des États-Unis sur la scène mondiale, élargir les possibilités d'échanges commerciaux avec les États-Unis et en matière d'investissements, prévenir les conflits et les atrocités de masse, et encourager une croissance économique et une réduction de la pauvreté qui soient durables et à vaste assise.

Au vu de l'importance stratégique croissante de l'Afrique subsaharienne, les États-Unis avait envisagé de redoubler d'efforts au cours des prochaines années pour renforcer les institutions démocratiques et stimuler la croissance économique, les échanges et les investissements tout en continuant à poursuivre d'autres objectifs sur le continent.

Le renforcement des institutions démocratiques permet aux pays d'atteindre un plus haut degré de prospérité et de stabilité ; de mieux réussir à limiter les effets des conflits et à contrer les menaces transnationales ; et d'être de robustes partenaires des américains. En outre, l'encouragement d'une croissance économique durable et inclusive constitue une composante essentielle de la sécurité, de la stabilité politique et du développement, et les efforts visant au soulagement de la pauvreté, dégageant ainsi les ressources nécessaires à l'appui des soins de santé, de l'éducation et d'autres biens publics.

Les Principes
de la Stratégie des Etats-Unis
en Afrique Subsaharienne

Les États-Unis avaient déclaré qu'ils œuvreront en partenariat avec les pays d'Afrique subsaharienne dans la poursuite des objectifs interdépendants ci-après :

– Renforcer les institutions démocratiques ;

– Stimuler la croissance économique, les échanges et les investissements ;

– Faire avancer la paix et la sécurité ;

– Promouvoir les possibilités et le développement.

En œuvrant à la réalisation de tous ces objectifs, le gouvernement Américain entend :

– Approfondir son engagement avec les jeunes leaders africains ;

– Chercher à autonomiser les populations marginalisées et les femmes ;

– Répondre aux besoins uniques des États fragiles et post-conflit ;

– Œuvrer étroitement avec l'ONU et d'autres acteurs multilatéraux pour atteindre ses objectifs sur le continent.

Renforcer les Institutions Démocratiques

Comme le président Barack Obama l'avait dit au Ghana, « l'Afrique n'a pas besoin d'hommes forts, mais de fortes institutions. » Washington avait déjà affirmé qu'il est important de s'employer à faire avancer la démocratie en renforçant les institutions à tous les niveaux, en faisant fond sur les aspirations des Africains à une gouvernance plus ouverte et plus responsable, en encourageant les droits de l'homme et l'État de droit et en confrontant les dirigeants dont les actions menacent la crédibilité des processus démocratiques. Comme le stipule la Stratégie Américaine de sécurité, le soutien de la démocratie est essentiel aux intérêts des États-Unis et c'est une composante fondamentale du leadership américain à l'étranger.

Le gouvernement Américain avait déclaré qu'il poursuivra les actions suivantes :

– Promouvoir une gouvernance responsable, transparente et attentive : Les États-Unis vont intensifier leurs efforts visant à appuyer et à autonomiser les réformateurs et institutions clés du gouvernement, et ce de façon à promouvoir l'État de droit, à renforcer les freins au pouvoir exécutif et à intégrer des pratiques de gouvernance attentive. En outre, chercher à faire adhérer davantage d'États africains au Partenariat pour un gouvernement ouvert ainsi qu'à l'Initiative pour la transparence dans les industries extractives, lesquels ont pour effet de promouvoir une saine gouvernance, la transparence et la responsabilité.

– Renforcer les modèles positifs : Les États-Unis ont reconnu que les Africains doivent forger des solutions durables et construire eux-mêmes leurs démocraties. À cette fin, soutenir les leaders et les acteurs qui créent des modèles de démocraties dynamiques, y compris les dirigeants élus aussi bien que les jeunes Africains qui sont des chefs de file dans la société civile et l'entrepreneuriat. Le gouvernement des États-Unis avait soutenu l'utilisation du pouvoir de facilitation du pour aider les jeunes leaders africains à établir des contacts entre eux, à partager des solutions novatrices et à démontrer l'appui des Américains à leurs efforts.

– Promouvoir et protéger les droits de l'homme, la société civile et l'indépendance des médias. Les États-Unis avaient souhaité amplifier et soutenir les voix de ceux qui revendiquent le respect des droits de l'homme, l'État de droit, la responsabilité et les mécanismes de justice de transition ainsi que l'indépendance des médias. En outre, continuer à accorder une attention soutenue à l'autonomisation des femmes et des populations marginalisées et s'opposer à la discrimination liée au handicap, au genre ou à l'identité sexuelle.

– Accorder une attention soutenue à la crédibilité des processus démocratiques. Les États-Unis avaient affirmé qu'ils dénonceront fermement et systématiquement les actions qui sapent les institutions démocratiques ou la légitimité des processus démocratiques, évalueront les élections à l'aune des normes d'honnêteté et d'impartialité les plus strictes, chercheront à élargir l'adhésion aux principes du contrôle de l'armée par des civils et appuieront l'adoption de mesures fermes contre les individus ou les groupes qui menacent les gouvernements légitimement élus.

– Promouvoir de strictes normes démocratiques. Les États-Unis avaient également réaffirmés qu'ils soutiendront les efforts déployés par les organismes régionaux et internationaux pour faire appliquer systématiquement les pratiques démocratiques, en particulier la Charte de l'Union africaine sur la démocratie, les élections et la gouvernance ainsi que d'autres normes multilatérales tout en appuyant l'éducation de base et l'instruction civique pour veiller à ce que les futures générations soient actives, informées et acquises aux droits et aux responsabilités d'une citoyenneté démocratique.

Accélérer la Croissance Économique, les Échanges et les Investissements

En faisant fond sur des programmes américains, dont le Partenariat pour la croissance et la Nouvelle alliance pour la sécurité alimentaire et la nutrition, aussi bien qu'internationaux, comme le Partenariat pour un gouvernement ouvert et l'Initiative pour la transparence dans les industries extractives, le gouvernement Américain entend encourager le secteur privé en Afrique subsaharienne à convaincre les gouvernements d'entreprendre des réformes nécessaires.

En effet, Washington avait déjà affirmé qu'ils contribueront au renforcement de la capacité du secteur public à fournir des services et à améliorer les protections contre les activités financières illicites. Une gouvernance économique plus poussée facilite la gestion efficace des finances publiques, un plus grand degré d'efficience et de transparence dans l'utilisation des fonds des donateurs (et un recours moindre à ce type de financement) et l'accroissement de la transparence et de la reddition de comptes. En retour, une plus grande fermeté dans la gestion budgétaire publique contribuera à accroître la transparence et l'efficacité du fonctionnement de l'État ainsi qu'à élargir l'assiette fiscale.

L'accroissement de l'intégration régionale africaine aurait pour effet de créer des marchés plus vastes, d'améliorer les économies d'échelle et de réduire les coûts de transaction du commerce local, régional et mondial. C'est dans ce sens que les Américains avaient déclaré qu'ils travailleront avec les communautés économiques régionales, y compris l'Initiative États-Unis-communauté de l'Afrique de l'Est pour les échanges et les investissements (U.S.-East African Community Trade and Investment Initiative), et avec les gouvernements Africains en vue de réduire les obstacles aux échanges et aux investissements sur l'ensemble du continent. En particulier, promouvoir la facilitation des échanges, la modernisation des douanes et l'harmonisation des normes, appuyer la cohérence et la transparence du cadre réglementaire, améliorer l'infrastructure qui renforce le commerce régional et l'accès aux marchés mondiaux et examiner les moyens d'éliminer les obstacles au bon fonctionnement des chaînes d'approvisionnement de la région.

En dépit des avantages tarifaires que les États-Unis accordent à l'Afrique subsaharienne, les exportations non pétrolières de l'Afrique aux États-Unis continuent à croître lentement et elles n'ont pas pleinement atteint leur potentiel. Pour accroître la capacité de l'Afrique à produire des biens destinés à l'exportation qui soit diversifiés, compétitifs et conformes aux normes mondiales, le gouvernement Américain s'était proposé d'œuvrer avec le Congrès en vue d'obtenir la prorogation du Système généralisé de préférences (SGP) au-delà de 2013 tout en examinant les moyens de mettre à jour ces programmes et de rehausser la capacité de l'Afrique à utiliser pleinement ces programmes et à en retirer tous les avantages possibles, y compris par le biais de l'Initiative pour la compétitivité et l'expansion des échanges commerciaux ; accroître la coopération et l'assistance technique sur toute une gamme de questions, dont celle du renforcement de la capacité de l'Afrique à respecter les normes relatives aux produits, les critères de salubrité des aliments ainsi que les critères sanitaires et phytosanitaires, les exigences relatives aux essais de produits et les règles d'homologation et de prendre des mesures destinées à accroître la capacité productive et à améliorer la compétitivité des exportations africaines, y compris en aidant à trouver des solutions à toute une gamme de contraintes au niveau de l'offre qui augmentent le coût des exportations.

Beaucoup d'entreprises américaines, en particulier les petites et moyennes entreprises, n'étaient pas conscientes des possibilités qu'offre l'Afrique en matière d'échanges et d'investissements, ou alors elles ont eu du mal à établir des relations commerciales avec les pays d'Afrique subsaharienne. En harmonie avec l'Initiative nationale sur les exportations, Washington a organisé une campagne ayant pour thème « Faire des affaires en Afrique » afin de mobiliser les ressources du gouvernement des États-Unis destinées à aider les entreprises américaines à cerner et à saisir les possibilités en Afrique subsaharienne. En outre, dialoguer avec les membres de la diaspora d'Afrique subsaharienne aux États-Unis, qui manifestent un intérêt croissant à investir dans leur pays d'origine.

Faire Progresser la Paix et la Sécurité

Les États africains se montrent de plus en plus capables de jouer un rôle de chef de file en ce qui concerne les questions de sécurité sur le continent. Pour autant, les conflits internationaux et intérieurs, conjugués à l'incapacité de certains gouvernements d'assurer la sécurité de base de leur population, demeurent des obstacles clés à une gouvernance démocratique efficace, à la croissance économique, aux échanges et aux investissements et au développement humain. Seuls les gouvernements et les habitants de l'Afrique peuvent résoudre de manière durable les défis à leur sécurité et les divisions internes qui affectent le continent, mais les États-Unis peuvent avoir un effet positif.

Ceci étant, le gouvernement de Washington affirma poursuivre les actions ci-après :

– Contrer Al-Qaïda et les autres groupes terroristes. Conformément à la Stratégie Américaine de lutte contre le terrorisme, les États-Unis sont convaincu qu'ils concentreront les efforts sur la nécessité de perturber, de démanteler et de vaincre Al-Qaïda, les groupes qui lui sont apparentés et leurs adhérents en Afrique pour assurer la sécurité des citoyens et des partenaires de l'Amérique.

– Faire avancer la coopération en matière de sécurité régionale et la réforme du secteur de la sécurité. C'est dans cette perspective que s'inscrit l'engagement des États-Unis à approfondir leurs partenariats pour la sécurité avec les pays africains, les organisations régionales et les forces permanentes de ces dernières en intensifiant leurs efforts en faveur du renforcement des capacités militaires africaines par le biais d'opérations à faible coût et de toute petite envergure, conformément à la vision énoncée dans le document intitulé « Sustaining U.S. Global Leadership : Priorities for 21st Century Defense » (Maintenir le leadership mondial des États-Unis : les priorités de la défense au XXIe siècle). En outre, chercher à renforcer la capacité des organismes civils et des institutions à améliorer les moyens à la disposition du continent pour assurer la sécurité et réagir aux conflits émergents. En outre, les agences militaires et civiles des États-Unis aideront à établir dans les pays partenaires des forces de sécurité, des organisations du renseignement et des agences d'application de la loi et de contrôles aux frontières qui soient efficaces, subordonnées aux autorités civiles constitutionnelles et qui agissent en liaison avec ces dernières.

– Prévenir les menaces criminelles transnationales. Le gouvernement Américain avait exprimé son intention de former des partenariats globaux qui mobiliseront l'expertise du secteur des contrôles aux frontières terrestres, du secteur maritime, de l'aviation, de la cybersécurité et du secteur financier afin non seulement de contrer les mouvements illicites de personnes, d'armes, de drogues et d'argent, mais aussi d'assurer une protection contre la facilitation criminelle de matériels et de technologies en rapport avec les armes de destruction massive.

– Appuyer les initiatives visant à promouvoir la paix et la sécurité. En effet, le gouvernement Américain avait révélé ses objectifs de soutenir les missions de construction et de maintien de la paix de l'ONU en Afrique subsaharienne, y compris en veillant à ce que les missions de maintien de la paix soient bien dirigées, bien soutenues et suffisamment dotées en ressources pour avoir une efficacité maximale.

Promouvoir les Possibilités
et le Développement

En juin 2012, le gouvernement Américain, y compris par le biais de la Directive présidentielle de politique générale sur le développement global, avait tracé une nouvelle approche qui se concentrait sur la recherche de résultats en matière de développement durable et sur un nouveau modèle opérationnel régissant l'assistance des États-Unis.

L'Afrique est le thème principal de trois initiatives présidentielles de développement Américain, à savoir : l'initiative en faveur de la santé mondiale (GHI), l'initiative alimentaire pour l'avenir et l'initiative contre le changement climatique mondial (GCCI). De surcroît, deux des quatre pays visés par le Partenariat pour la croissance (le Ghana et la Tanzanie) sont en Afrique.

Dans chacun de ces efforts, les États-Unis avaient souligné l'importance de la réforme et de la transparence et avaient accordé la priorité à une bonne gestion économique et à une bonne gestion des projets afin de promouvoir la pérennité.

Washington avait aussi décidé de s'attaquer aux obstacles à la croissance, de promouvoir la réduction de la pauvreté via les institutions financières multilatérales pour plaider en faveur de l'accroissement des financements aux pays pauvres et d'encourager les gouvernements à utiliser leurs recettes, en particulier celles provenant du secteur des énergies, de manière à élargir l'assise des avantages pour leur population tout en soutenant l'expansion et l'amélioration des services éducatifs en Afrique subsaharienne.

La sécurité alimentaire demeurera une priorité, conformément aux engagements pris par les États-Unis au sommet de L'Aquila, par le biais de l'Initiative alimentaire pour l'avenir, et de la Nouvelle alliance pour la sécurité alimentaire et la nutrition mise en route lors du sommet du G8 en 2012.

Toujours dans le but de promouvoir les principes du développement, les États-Unis envisage accroître les possibilités pour les femmes et les jeunes grâce à l'application des programmes dans le domaine de la diplomatie et de l'assistance pour autonomiser les femmes, y compris par le biais du Programme pour l'entrepreneuriat féminin en Afrique, en application du Plan national d'action des États-Unis sur les femmes, la paix et la sécurité et en se concentrant sur la santé maternelle et infantile, clé de voûte de l'Initiative pour la santé mondiale. Cela signifie notamment, intensifier les efforts visant à protéger les femmes dans le contexte des conflits et des urgences humanitaires.

Enfin, le gouvernement Américain avait aussi mis un accent particulier sur la continuité en outre à dialoguer avec la prochaine génération de leaders africains de façon à leur fournir les outils à l'appui du développement du leadership, de la promotion de l'entrepreneuriat.

Une Importante Initiative
Commerciale pour l'Afrique

Le 1ᵉʳ juillet 2013, le président Obama avait lancé un important partenariat commercial entre les États-Unis et l'Afrique subsaharienne visant à élargir les échanges commerciaux.

Le président Obama avait déclaré à 22 chefs d'entreprises réunis à Dar es Salaam, en Tanzanie, que l'initiative « Trade Africa » est conçue pour élargir les liens commerciaux et économiques entre l'Afrique, les États-Unis et les marchés mondiaux.

« Aujourd'hui, j'annonce une nouvelle initiative – Trade Africa – pour intensifier les échanges avec et au sein de l'Afrique, à commencer par la Communauté de l'Afrique de l'Est », a dit M. Obama lors de la table ronde pour hommes d'affaires.

L'initiative vise à faciliter le commerce en mettant l'accent sur le passage plus rapide et moins coûteux des marchandises aux frontières, a-t-il noté.

« Nous travaillerons avec les pays concernés pour moderniser les procédures douanières, instaurer des passages frontaliers uniques plus efficaces et réduire les étranglements et les barrages routiers qui font obstacle aux mouvements des marchandises vers les marché », a-t-il dit.

M. Obama a annoncé aux chefs d'entreprises que les États-Unis allaient fixer des objectifs particuliers pour eux-mêmes et pour l'Afrique de l'Est qui comprendraient des mouvements plus rapides de marchandises entre les ports, tels que Dar es Salaam et Mombasa, et le Burundi et le Rwanda à l'intérieur. Il s'agira aussi de réduire les temps d'attente des camionneurs aux postes frontières, d'augmenter de 40 % les exportations de l'Afrique de l'Est vers les États-Unis dans le cadre de la Loi sur la croissance et les possibilités économiques en Afrique (Afican Growth and Opportunity Act, GOA), et de doubler les échanges au sein de l'Afrique de l'Est.

« Voici les objectifs que nous nous fixons dans le cadre de Trade Africa, et ici en Afrique de l'Est », a déclaré le président. « Et nous avons l'intention que cela serve de fondations à des progrès régionaux semblables que nous pourrons étendre au reste du continent dans les années à venir. »

Trade Africa se concentrera en premier sur les membres de la Communauté de l'Afrique de l'Est (CAE) : Burundi, Kenya, Rwanda, Tanzanie et

Ouganda. Les États-Unis envisagent d'élargir l'Initiative commerciale à d'autres communautés économiques et nations africaines.

« La CAE est une belle réussite économique, et représente un marché avec des possibilités importantes pour les exportations et investissements américains », a déclaré la Maison-Blanche dans une fiche documentaire.

Selon la Maison-Blanche, les pays de la CAE, avec une population excédant 130 millions de personnes, ont été sélectionnés en raison de leurs réglementations de plus en plus stables et favorables aux affaires. Ces cinq pays ont ce que la Maison-Blanche a décrit comme des entreprises locales prometteuses bénéficiant de partenariats créatifs avec des sociétés multinationales.

Ils ont également été sélectionnés pour la première phase de Trade Africa, a ajouté la Maison-Blanche, car les membres de la CAE bénéficient d'une classe moyenne émergeante, éduquée et ouverte à la mondialisation.

« Les échanges inter-CAE ont doublé au cours des cinq dernières années, et le PIB de la région [la mesure la plus globale de la richesse d'un pays] a augmenté pour excéder 80 milliards de dollars – quadruplant en à peine 10 ans », a ajouté la Maison-Blanche.

Lors d'un point de presse le 1er juillet 2012, le représentant des États-Unis pour le commerce extérieur, Mike Froman, a déclaré aux journalistes que, tout au long de son voyage en Afrique, le président a soulignés l'importance du commerce et de l'investissement comme élément crucial de la stratégie de développement des États-Unis dans la région.

« Des progrès substantiels ont été réalisés dans les domaines du commerce et de l'investissement au cours des quelques dernières années. Les échanges entre les États-Unis et l'Afrique subsaharienne ont été multipliés par environ 2,5 au cours de la décennie écoulée, a dit M. Froman. Nous exportons environ 22 milliards de dollars de marchandises et nous en importons à hauteur d'environ 50 milliards – principalement du pétrole et des minerais. »

M. Froman a ajouté que les échanges non pétroliers réalisés dans le cadre de l'AGOA ont triplé, même s'ils restent minimes.

« Maintenant que nous avons atteint le moment où nous voulons renouveler l'AGOA, nous allons étudier dans les détails ce qui a bien fonctionné, ce qui n'a pas fonctionné et comment améliorer notre expérience de l'AGOA afin d'accroître les échanges non pétroliers entre les États-Unis et l'Afrique subsaharienne », a dit M. Froman.

M. Froman a reconnu devant les journalistes que les communautés économiques régionales, telles que la CAE, la Communauté de développement de l'Afrique australe et la Communauté économique des États de l'Afrique de l'Ouest, ont fait des progrès considérables dans la réduction des entraves aux échanges entre elles et travaillent désormais à créer des liens avec d'autres communautés économiques. Il a noté que la CAE possède une union douanière, apparentée à une forme avancée de coopération commerciale avec un tarif extérieur commun. Cela contribue à favoriser une plus grande intégration commerciale, bien que beaucoup reste à faire, a-t-il ajouté.

La visite de M. Obama à Dar es Salaam était la dernière étape de son voyage dans trois pays africains, qui a inclus des étapes au Sénégal et en Afrique du Sud.

Faire des affaires en Afrique :
La Campagne du gouvernement
Américain pour stimuler
les investissements américains
sur le continent

Le gouvernement des États-Unis entend aider les entreprises américaines à tirer parti des nombreuses possibilités d'investissements et d'exportation en Afrique subsaharienne.

Une fiche documentaire du département du commerce datée du 8 juillet 2013 explique les grandes lignes d'une campagne en ce sens qui a été lancée en novembre 2012 à Johannesburg, en Afrique du Sud. Elle a pour titre : Faire des affaires en Afrique.

Le président Obama est convaincu que l'Afrique subsaharienne sera la prochaine grande réussite économique au monde », lit-on dans cette fiche, qui rappelle qu'en juin 2012 M. Obama a annoncé la

Stratégie des États-Unis envers l'Afrique subsaharienne, par laquelle les États-Unis se sont engagés à élever le niveau de leurs efforts visant à stimuler la croissance économique, le commerce et les investissements sur le continent.

L'une des régions à la croissance la plus accélérée au monde, l'Afrique subsaharienne compte sept des dix marchés qui se développent le plus rapidement, selon ladite fiche. Le Fonds monétaire international (FMI) estime que la croissance économique de l'Afrique subsaharienne sera de 5,6 % en 2013 et de 6,1 % en 2014.

Toujours selon la fiche documentaire, le commerce entre les États-Unis et l'Afrique a triplé au cours de la dernière décennie.

La campagne Faire des affaires en Afrique reflète une approche pangouvernementale sans précédent pour accroître les échanges entre les États-Unis et l'Afrique. Pilotée par le département du commerce, elle vise une plus grande collaboration entre tous les organismes concernés du gouvernement des États-Unis aussi bien qu'avec les agences commerciales connexes.

Elle adoptera une « approche holistique » et aura recours à diverses nouvelles techniques en matière de promotion du commerce, de financement et de communication. Les programmes de promotion des échanges adaptés à l'Afrique seront élargis, notamment dans le cadre de missions commerciales et des expositions commerciales organisées par le programme

« International Buyer », en l'occurrence pour faire venir davantage de délégations d'acheteurs africains aux États-Unis. Il y aura aussi des « plans sectoriels ciblés » visant les industries en forte croissance, comme le bâtiment, l'électricité, les transports, la technologie de l'information/communication, l'eau, les biens de consommation, l'agroalimentaire et l'agriculture, et la santé.

La fiche documentaire note que les agences de financement des États-Unis, dont l'U.S. Export-Import (EXIM) Bank, l'Overseas Private Investment Corporation (OPIC) et l'Agence des États-Unis pour le commerce et le développement (USTDA) ont considérablement renforcé leur soutien aux activités et investissements en Afrique au cours des dernières années.

Par le biais de la campagne Faire des affaires en Afrique, ces agences vont s'appuyer sur les efforts en cours pour entreprendre les démarches suivantes :

• Soutenir le Centre de financement et de développement de l'énergie propre États-Unis-Afrique à Johannesburg, en Afrique du Sud (lancé le 20 mars 2013) afin de fournir au secteur privé américain et à ses partenaires de l'Afrique subsaharienne un moyen centralisé de repérage des besoins en matière d'exportations et d'investissements dans cette filière et d'accès au soutien proposé par le gouvernement des États-Unis.

• Faire avancer l'Initiative États-Unis-Afrique sur

le financement de l'énergie propre, un mécanisme collaboratif de financement à hauteur de 20 millions de dollars élaboré par le département d'État, l'OPIC et l'USTDA pour mieux soutenir les entreprises américaines et les exportateurs du secteur de l'énergie propre en Afrique subsaharienne.

• Rehausser les initiatives de l'EXIM Bank, y compris à l'appui de l'Initiative sud-africaine sur les énergies renouvelables (SARi), la banque s'étant engagée à financer jusqu'à deux milliards de dollars pour les technologies, services et produits américains du secteur de l'énergie destinés à l'Afrique du Sud.

La campagne Faire des affaires en Afrique s'attaque aussi aux questions de la facilitation des échanges, des infrastructures, de la corruption et des mauvaises communications qui influencent l'image que les entreprises américaines se font de l'Afrique subsaharienne. En outre, elle collabore avec les entreprises désireuses de partager, avec toute partie intéressée, leur expérience du marché africain et les enseignements qu'elles en ont tirés.

Elle coordonne étroitement ses activités avec d'autres initiatives incluses dans la Stratégie des États-Unis envers l'Afrique subsaharienne, qui vise à accroître les échanges avec l'Afrique au niveau interne, régional et mondial (Trade Africa), y compris avec l'initiative Power Africa.

Power Africa, le Plan d'Obama pour Électrifier l'Afrique

Lors de sa visite en Afrique du Sud, Barack Obama a annoncé un plan de sept milliards de dollars, destiné à faciliter l'accès à l'électricité en Afrique sub-saharienne.

Doubler l'accès à l'électricité en Afrique subsaharienne, c'est l'objectif fixé par le président américain Barack Obama dans un discours à l'Université du Cap (UCT), dimanche 30 juin. En Afrique du Sud, deuxième étape de sa tournée africaine, le président américain avait annoncé un plan de 7 milliards de dollars sur cinq ans, baptisé « Power Africa ». Il s'agit de répondre aux immenses besoins énergétiques d'un continent en pleine croissance, mais dont le développement et les investissements restent freinés par des déficits électriques chroniques.

« L'accès à l'électricité est fondamental pour saisir les opportunités de ce monde. C'est la lumière qui permet à l'enfant d'étudier, l'énergie qui permet aux idées de devenir des grandes entreprises » a déclaré Obama. L'électrification, « c'est l'assurance pour les familles de subvenir à leur besoin, mais aussi la clé pour connecter l'Afrique à l'économie mondiale » a-t-il ajouté.

Plus des deux tiers de la population de l'Afrique subsaharienne vivent sans électricité et plus de 85% des habitants des zones rurales n'y ont pas accès. Power Africa va s'appuyer sur l'énorme potentiel énergétique de Afrique, y compris les nouvelles découvertes de vastes réserves de pétrole et de gaz, et sur le potentiel de développement d'énergies propres, géothermique, hydroélectrique, éolienne et solaire.

Le plan américain devrait aider les pays à développer de façon responsable des ressources récemment découvertes, construire des centrales et des lignes électriques, et élargir les solutions de mini-réseaux et de systèmes hors-réseau ». Bien que cette initiative soit annoncée en Afrique du Sud, le pays n'est pas concerné par Power Africa, alors qu'il peine à produire suffisamment d'électricité pour répondre à ses besoins. Les États-Unis vont d'abord travailler avec l'Éthiopie, le Ghana, le Kenya, le Liberia, le Nigeria et la Tanzanie, des pays affectés par des coupures d'électricité fréquentes, mais qui ont des « objectifs ambitieux » en matière de production d'électricité.

La Coopération Sud-Sud
Les Économies Émergentes : Une
Nouvelle Possibilité pour l'Afrique

Le renforcement des relations entre l'Afrique et ses partenaires émergents soulève un certain nombre de questions et de défis qu'il est important d'avoir à l'esprit si des partenariats réellement fructueux et bénéfiques, y compris pour l'Afrique, doivent être mis sur pied ou consolider.

Le paysage du développement mondial change rapidement avec l'accélération de la coopération Sud-Sud. Ce fait est particulièrement pertinent pour les pays africains qui ont été témoins d'une augmentation significative du commerce, de l'aide, de l'investissement étranger direct et des autres formes d'assistance au développement de partenaires de développement émergents et nouveaux comme le Brésil, la Chine, l'Inde, la République de Corée et la Turquie. Au cours des dernières années, ces partenaires de développement émergents ont fortement développé leur coopération avec l'Afrique dans le cadre de diverses initiatives conduisant à un nouveau type de partenariat stratégique.

L'engagement croissant en Afrique de partenaires de développement émergents élargit le champ des options pour la croissance sur le continent et présente des possibilités réelles et significatives pour le développement des pays africains, y compris, en particulier pour la mise en œuvre du Nouveau partenariat pour le développement de l'Afrique (NEPAD) et la réalisation des objectifs du Millénaire pour le développement. De plus, compte tenu de la crise économique et financière mondiale qui sévit actuellement, cette nouvelle coopération devient encore plus importante. Malgré la crise, beaucoup de partenaires de développement émergents semblent posséder des perspectives de croissance relativement solides.

Le thème de la coopération de l'Afrique avec les partenaires de développement nouveaux et émergents fait partie du programme de travail du Bureau du Conseiller spécial pour l'Afrique dans le cadre de son mandat plus large qui consiste à aider les États Membres dans leurs débats sur les questions nouvelles et émergentes relatives au développement de l'Afrique, notamment, pour ce qui est de la mise en œuvre du NEPAD. Dans ce contexte, le Bureau vise à formuler des recommandations politiques spécifiques sur la manière d'exploiter efficacement le potentiel de développement des partenaires de développement émergents en intensifiant les relations économiques et commerciales avec les pays africains. À cet effet, Le BCSA avait entrepris une étude intitulée « La coopération de l'Afrique avec les partenaires de développement nouveaux et émergents : options pour le développement de l'Afrique ». Les principales conclusions et recommandations de cette étude ont été entérinées par la Réunion du Groupe d'experts qui a été organisée conjointement par la Commission de l'Union africaine et la Commission économique pour l'Afrique (CEA) de l'ONU à Addis-Abeba en février 2009.

Les gouvernements africains devraient, en particulier, travailler ensemble à mettre au point une stratégie régionale face à cette nouvelle coopération. En même temps, la communauté internationale, en particulier la Banque africaine de développement, l'Organisation des Nations Unies et le Comité d'aide au développement de l'Organisation de coopération et de développement économiques peuvent appuyer les efforts des pays africains par des activités de suivi et de renforcement des capacités.

Les économies émergentes font une entrée rapide en Afrique. La rapidité et l'importance de cette entrée signifient que ces économies offrent beaucoup de possibilités aux économies africaines, mais, simultanément, leur présence croissante met en péril à l'expansion future de l'Afrique.

La présence d'économies émergentes en Afrique peut créer deux situations : une situation où tout le monde est gagnant et une situation où il y a un gagnant et un perdant.

En même temps, certains des impacts de l'interaction peuvent être directs et visibles, reflétés dans les relations bilatérales, tandis que d'autres peuvent être indirects et moins visibles (par exemple, la concurrence sur les marchés de pays tiers, ou la lutte pour les ressources mondiales rares).

Les vecteurs primaires de l'interaction entre l'Afrique et les économies émergentes sont l'aide, le commerce et l'investissement étranger direct (IED). Au cours des récentes décennies, les économies du Nord ont séparé de plus en plus les interactions dans ces trois vecteurs — l'aide a été déliée, et clairement distinguée de l'investissement, et l'aide et l'investissement n'ont été que faiblement associés avec le commerce. L'analyse des liens entre l'Afrique et les principales économies émergentes comme le Brésil, la Chine, la Fédération de Russie, l'Inde, la Malaisie, la République de Corée et la Turquie qui est présentée dans le rapport suggère une évolution différente. Plus souvent, il y a eu une forte intégration stratégique entre ces trois vecteurs dans les opérations de ces économies émergentes en Afrique.

Les caractéristiques distinctives de chacune de ces économies émergentes en Afrique sont décrites dans le corps du rapport et, plus en détail, dans les annexes.

Les impacts directs et indirects que ces interactions ont sur un certain nombre de parties prenantes africaines, et les défis qu'elles posent pour elles ont été décrits. Ce qui apparaît clairement, c'est que, s'il est vrai que certaines économies émergentes ont une stratégie à l'égard de l'Afrique. L'Afrique n'a pas de stratégie à l'égard des économies émergentes.

L'Afrique entre actuellement dans une ère de changement perturbateur marquée par l'entrée en scène de nouveaux acteurs économiques émergents. Ces nouveaux participants possèdent une puissance économique croissante, et aussi, dans certains cas une influence politique notable.

Historiquement, les économies africaines ont été fortement intégrées avec les anciennes puissances coloniales d'Europe, et avec l'Amérique du Nord et le Japon.

Ce fait est reflété dans leurs institutions de gouvernance (démocraties parlementaires), dans leur langue (l'anglais, l'espagnol, le français et le portugais ont complété et souvent remplacé les langues locales), dans leur infrastructure (construite pour faciliter les contacts avec les puissances occidentales), dans leur spécialisation économique (l'Afrique fournit des produits de base à l'Ouest et importe des produits manufacturés) et dans l'intégration des producteurs africains dans les entreprises de l'Ouest (IED) et les chaînes de valeur. Les flux financiers reflètent, eux-aussi, ce processus d'intégration entre les pays africains et les puissances de l'Ouest. Au cours du dernier tiers du XXᵉ siècle, il y a eu un flux croissant de ressources financières de l'Ouest vers l'Afrique (aide et IED) et dans la direction opposée, vers les pays d'origine (remboursement de la dette, bénéfices et intérêts).

Mais l'économie et la politique mondiales entrent maintenant dans une période de changement perturbateur. Depuis 1979, la Chine a connu un taux de croissance composé de 9 % par an et l'Inde, un taux similaire depuis le début des années 90. Cette croissance rapide n'est pas unique : le Botswana ; la Chine ; Hong Kong ; le Japon ; la République de Corée ; Singapour et Taiwan ont eu un taux de croissance semblable pendant des périodes prolongées. Mais toutes ces économies en croissance rapide étaient petites, de sorte que leur croissance pouvait prendre place sans changer les paramètres fondamentaux de la production et de l'échange dans les autres pays. La Chine et l'Inde représentent toutefois ensemble presque 40 % de la population mondiale, de sorte que lorsqu'elles croissent très rapidement pendant des périodes prolongées, la considération de « petit pays » ne s'applique plus. La Chine est en toute probabilité devenue la deuxième économie mondiale, et l'Inde, la troisième. La dimension de ces pays fait que leur expansion perturbe le mode de changement cumulatif qui a dominé un grand nombre de sociétés pendant si longtemps, et en particulier, les économies relativement faibles et pauvres d'Afrique. C'est pour cette raison que ces grandes économies asiatiques nouvellement émergentes sont désignées du nom de « leaders asiatiques ».

Dans la perspective africaine, la conséquence la plus importante de l'entrée en scène des leaders asiatiques dans l'économie mondiale est leur impact sur les termes mondiaux de l'échange. La prouesse des économies asiatiques dans le secteur manufacturier a mené à la croissance de la concurrence des prix (et, dans beaucoup de secteurs, de la déflation de prix) des produits industriels. Simultanément, l'expansion de l'infrastructure des leaders asiatiques, la croissance de leurs secteurs manufacturiers et l'évolution de la demande de denrées alimentaires vers les produits de viande a mené à une légère diminution des prix de ces denrées. Les flambées précédentes des prix de denrées alimentaires qui se sont produites au cours des années 2001 et des années 2009 étaient remarquables. La flambée des prix de denrées alimentaires que les leaders asiatiques ont créé en 2001-2009 a duré plus de sept ans, et chutera probablement lorsque la crise économique d'origine financière qui a marqué l'économie mondiale s'atténuera et que la croissance reprendra, notamment en Chine et en Inde qui sont les sources primaires de demande pour les produits de base africains. Cette évolution des termes de l'échange a des incidences stratégiques majeures pour l'Afrique, et donne lieu à l'élaboration de politiques spécifiques pour des problèmes particuliers (par exemple, l'aide, l'investissement étranger et les négociations commerciales).

L'idée centrale qui m'a incité à mettre l'accent sur le rôle des nouvelles économies émergentes en Afrique réside dans le fait que leur apparition croissante et leurs liens de plus en plus forts perturbent la trajectoire du changement social, politique et économique en Afrique. Elles posent un nouveau et important défi à l'Afrique : comment les économies africaines peuvent-elles profiter au maximum des possibilités offertes par ces nouveaux participants sur la scène économique mondiale, et comment les économies africaines peuvent-elles limiter au maximum les effets potentiellement négatifs créés par leur présence croissante ?

En basant cette coopération sur des objectifs communs qui sont conformes aux stratégies de développement nationales et régionales, la coopération peut mener à une situation dans laquelle tous les protagonistes sont gagnants.

La Présence Croissante
des Économies Émergentes
sur le Continent

La présence de l'Afrique dans l'économie mondiale reflète fidèlement ses faiblesses économiques. Le commerce de l'Afrique avec les nouvelles économies émergentes a augmenté rapidement, le total combiné des exportations et des importations passant à près de 200 milliards de dollars Américains. La croissance du commerce a été particulièrement marquée depuis 2002.

L'importance de ces économies émergentes pour l'Afrique varie. Historiquement, si l'on utilise le commerce comme expression de ses liens, les exportations de l'Afrique ont été d'une manière prédominante destinées à l'Union européenne (UE). Cette prédominance persiste en 2007, presque 40% des exportations sont allées à l'UE, mais décline rapidement (de 60 % en 1990). Le changement majeur de destination a été la croissance des exportations destinées aux États-Unis, principalement du fait des exportations de pétrole et gaz, ainsi que des exportations de vêtements et autre produits manufacturés en vertu du programme créé par la Loi africaine sur la croissance et les possibilités économiques de l'Afrique (AGOA) qui accorde un accès préférentiel aux marchés des États-Unis.

La réponse stratégique de l'Afrique aux possibilités créées par l'intérêt croissant des nouvelles économies émergentes pour le continent doit tenir compte de l'influence de l'Afrique sur ces pays : quelle est l'importance de l'Afrique pour eux ? Dans l'ensemble, l'importance de l'Afrique pour le commerce de ses partenaires est de beaucoup inférieurs à leur importance pour l'Afrique. Cependant, cela dit, il existe des différences structurelles notables. Premièrement, les pays émergents sont plus dépendants de l'Afrique pour leurs importations que pour leurs exportations. Deuxièmement, relativement parlant, leur dépendance vis-à-vis des importations d'Afrique est plus grande que celle de l'UE ou des États-Unis. Et troisièmement, les économies émergentes comme la Turquie, la Malaisie et la Fédération de Russie qui exportent très peu à l'Afrique, sont plus dépendantes des importations d'Afrique et leur dépendance est croissante.

Compte tenu de l'importance du pétrole (et aussi d'autres produits minéraux) dans les exportations de l'Afrique aux économies émergentes, il n'est pas surprenant qu'un nombre relativement faible d'économies africaines sont des partenaires commerciaux majeur de ces économies émergentes. Les trois exportateurs de pétrole africains majeurs (Nigéria, Algérie et Angola) et l'Afrique du Sud (qui exporte principalement des produits primaires autres que le pétrole) sont les partenaires commerciaux majeurs de toutes les économies émergentes sauf la Fédération de Russie (qui elle-même est un producteur de pétrole et de produits de base).

Le Programme
de Développement

La satisfaction des besoins sociaux de l'Afrique, qui connaît des niveaux élevés et croissants de pauvreté absolue, est une tâche gigantesque et elle constitue un des objectifs du Millénaire pour le développement. Ces besoins sociaux doivent être satisfaits à un certain nombre de niveaux, y compris en stimulant la croissance, en donnant accès à des services de santé et à une éducation de base, et en répondant aux besoins spécifiques des communautés défavorisées en Afrique.

Quel rôle les nouvelles économies émergentes peuvent-elles être appelées à jouer dans la mise en œuvre d'un programme de cette nature ?

Un élément clef de ce programme politique consiste dans la remise de dette.

Pour le moment, cela n'est pas un grand problème pour les économies émergentes dont les programmes d'aide n'ont été intensifiés qu'au cours des toutes dernières années. Cela pourrait devenir une source de préoccupation à l'avenir mais ce n'est pas une source de préoccupation aujourd'hui. Une autre composante clef du programme de politique générale est le soutien budgétaire. Il s'agit d'un secteur dans lequel les économies émergentes ne pourront vraisemblablement apporter qu'une contribution limitée, y compris notamment par le biais d'une participation aux organismes multilatéraux. Cependant, toutes les économies émergentes étant elles-mêmes soit des économies à faible revenu soit des économies pauvres en devises, ou les deux, il est peu probable qu'elles joueront un rôle majeur dans leurs relations avec l'Afrique. En tout état de cause, même si leur intervention s'accroît, les pays africains ne peuvent avoir une grande influence sur le rôle des économies émergentes dans ce processus.

L'Afrique pourrait plutôt chercher à obtenir l'assistance directe dans trois secteurs clefs dans lesquels les économies émergentes ont des compétences spécifiques. Le premier est celui du maintien de la paix. Ici, les économies émergentes ont l'avantage du non-alignement, et le fait qu'elles n'ont pas participé aux sanctions mondiales contre des pays comme le Soudan, fait pour lequel elles ont souvent été critiquées, leur donne paradoxalement des compétences particulières dans le règlement des conflits. La Chine est devenue surtout pertinente à cet égard, et à la mi-2008 avait envoyé plus 10 000 soldats de maintien de la paix à l'étranger, la plupart en Afrique.

Le deuxième secteur de soutien tient à la similarité des situations qui existent en Afrique et dans beaucoup d'économies émergentes. Ayant à répondre à la demande de consommateurs à faibles revenus, la Chine, l'Inde et le Brésil ont commencé à mettre au point des technologies opérationnelles et des produits particulièrement appropriés pour les autres pays en développement, y compris ceux d'Afrique. La valeur des technologies appropriées se manifeste, en particulier, dans l'agriculture, l'industrie et les services à petite échelle. La Chine et l'Inde sont déjà devenues pour l'Afrique une source majeure non seulement d'articles de consommation bon marché mais aussi de biens d'équipement et de produits intermédiaires abordables et appropriés ainsi que de services abordables et appropriés (tels que, par exemple, les télécommunications rurales).

Le recours à ces technologies et à ces compétences appropriées, y compris par le biais de programmes d'assistance technique dans l'agriculture, la santé et le développement des infrastructures est un secteur clef de l'assistance technique des économies émergentes.

Un dernier secteur spécifique du programme social dans lequel l'Afrique pourra fortement bénéficier de ses liens avec les économies émergentes est celui de la santé et des produits pharmaceutiques en général, et du paludisme et du VIH/sida, en particulier. Le Brésil, la

Chine, l'Inde et la Fédération de Russie connaissent tous des problèmes majeurs en ce qui concerne les taux d'infection du VIH et chacun de ces pays a développé, à sa manière, des compétences spécifiques dans ces secteurs. En même temps, l'Afrique, elle-même, est en train de développer ses compétences dans ces problèmes développementaux critiques, et une combinaison de l'assistance technique et de la coopération avec les économies émergentes est un atout stratégique important dont l'Afrique peut tirer profit dans ses relations avec ces nouveaux venus sur la scène mondiale.

L'Élaboration d'une Réponse Politique

Un autre problème réside toutefois dans le fait que l'Afrique « n'a pas de stratégie vis-à-vis des économies émergentes ». Selon les experts, quatre (4) programmes clefs doivent être réalisés pour combler cette lacune stratégique.

La première étape clef pour les pays africains consiste à reconnaître le pouvoir qu'ils ont dans le contexte du boum des produits de base et de l'inversion des termes de l'échange. Bien qu'à présent un nombre limité seulement d'économies africaines soient les bénéficiaires majeurs de ce boum du point de vue de leurs structures de production actuelles, beaucoup d'autres pays africains ont le potentiel de devenir des exportateurs majeurs d'énergie et de produits minéraux.

La deuxième démarche clef pour les pays africains serait d'adopter une stratégie similaire à celle qui a été adoptée le plus clairement par la Chine, mais de plus en plus aussi par l'Inde et les autres économies émergentes et qui consiste à assimiler les vecteurs d'intégration.

Compte tenu du rôle important que l'Afrique joue en répondant aux besoins commerciaux des économies émergentes en tant que source de matières premières et en tant que marché pour leurs produits, le moins que ces économies peuvent faire serait de les aider à exploiter ces produits de base et à répondre aux besoins développementaux et infrastructurels complémentaires de l'Afrique. Les économies émergentes pourraient aussi, le cas échéant, accorder aux pays africains un IED et leur permettre de participer à la chaîne de valeurs de leurs entreprises qui servent les marchés mondiaux (ainsi, les entreprises chinoises, indiennes et turques pourraient fournir leurs produits textiles aux pays africains pour qu'ils les réexportent, par le biais des réseaux de commercialisation de ces entreprises, vers les États-Unis et l'Union européenne).

La troisième action stratégique clef consisterait à développer une vue différenciée des diverses économies émergentes, et des diverses parties prenantes au sein de celles-ci.

Une nouvelle génération d'IED chinois en Afrique émerge d'entreprises chinoises privées, et celles-ci possèdent des caractéristiques très différentes de celles des entreprises d'État. Ainsi, quand les cours du cuivre sont tombés précipitamment au début de l'année 2009, les grandes entreprises d'État ont continué à fonctionner et à investir dans les mines de cuivre africaines.

Par contre, on a assisté à un exode soudain et massif des petites entreprises de fusion du cuivre opérant en République démocratique du Congo.

La quatrième question stratégique clef consiste à savoir qui, en Afrique, dirigera ce programme stratégique. Au niveau le plus fondamental, cette activité doit faire intervenir nécessairement divers gouvernements africains. Bien qu'ils ne contrôlent pas généralement l'IED et les flux de commerce dirigés vers leur pays, ils contrôlent les leviers clefs qui déterminent l'accès à leur économie. Chacun de ces gouvernements doit procéder à une évaluation fraîche et informée des attraits spécifiques qu'il possède pour les économies émergentes et coordonner une réponse stratégique intégrée pour offrir aux économies émergentes un accès qui réponde le mieux aux besoins de leur économie nationale.

Une compétition entre les États-Unis et la Chine en Afrique

La compétition entre les États peut être comprise comme étant une recherche par un ou plusieurs pays d'une même chose ou d'un même titre. Ainsi par rapport à la politique diplomatique et économique que mènent les Etats-Unis et la Chine en Afrique, on peut penser qu'il existe une compétition, sinon une rivalité, entre ces deux pays dans la recherche des matières premières. Mais qu'il est vrai que cette rivalité existe beaucoup plus dans le domaine économique, car ces deux grandes puissances ont besoin des matières premières pour alimenter leurs industries respectives. Ces deux pays ont renforcé leurs présences en Afrique ces dernières années dans le domaine de l'énergie. C'est ainsi que nous remarquons que ces deux pays font le plus souvent appel à la diplomatie et la politique pour renforcer leurs stratégies d'enracinement en Afrique.

Pour les Etats-Unis, après les attentats du 11 septembre 2001, l'ensemble de la classe politique américaine notamment l'Administration, le Congrès et les groupes d'intérêt comme l'opinion publique a décidé de redéfinir de nouvelles zones d'intérêt stratégique pour ses approvisionnements en énergie. Les dirigeants américains ont pensé que le Moyen-Orient qui était autrefois désigné comme la première zone prioritaire car il totalise 40 % des réserves mondiales en pétrole, devient une zone à haut risque pour l'approvisionnement du pétrole pour l'Amérique. Et c'est ce qui a poussé les géo stratèges américains à dire que le continent africain pourrait répondre à la nouvelle préoccupation en énergie des USA. C'est pour cela qu'on peut remarquer que les importations américaines de pétrole en provenance d'Afrique de 2000 à 2007 ont augmenté de 63 % selon le Quotidien Algérien, Africom, « les mains de Bush sur le pétrole » du 5 janvier 2009 et elles devraient encore augmenter. L'Afrique devient désormais une zone stratégique pour les USA, qui ont renforcé leur présence dans ce continent auprès de nombreux pays tels que l'Algérie, l'Angola, le Tchad, le Cameroun, la République Démocratique du Congo, la République du Congo, la Guinée équatoriale, le Gabon, la Lybie et le Nigeria. Et cette liste doit encore s'élargir correspondant selon les vœux des responsables américains.

De la même façon, la Chine fait de l'Afrique, sa zone de priorités stratégiques, car on peut voir aujourd'hui que l'Angola est son premier grand fournisseur du pétrole devant l'Arabie Saoudite et l'Iran. Dans le même temps, Pékin est devenu la troisième grande puissance économique et deuxième consommateur du pétrole après les Etats-Unis.

Elle a de plus en plus besoin de matières premières pour entretenir sa croissance économique. Elle est désormais le troisième partenaire commercial de l'Afrique après les USA et la France. Donc, nous constatons aujourd'hui que ces deux grandes puissances font de l'Afrique leur zone prioritaire et stratégique.

En réalité, il n'existe pas de confrontation directe entre ces deux grands en Afrique. Mais il est vrai qu'il y a quelques rivalités et petits conflits entre ces deux grands dans certains pays d'Afrique que certains intellectuels africains appellent déjà par : « la nouvelle guerre froide des USA contre la Chine en Afrique ». Pour répondre à la question de savoir s'il y a compétition entre les USA et la Chine en Afrique, nous allons nous intéresser pour le moins à trois pays dont le Congo-Brazzaville où l'administration américaine est en train de construire l'une des plus grandes ambassades américaines en Afrique Centrale, ce qui fait penser que Brazzaville sera l'une des zones stratégiques de la politique africaine des Etats-Unis dans les mois à venir ; le Congo Kinshasa ; le Soudan.

Au Congo-Brazzaville, les USA et la Chine sont en quelque sorte en conflit dans le domaine environnemental, notamment sur la question de la déforestation du bassin du Congo. Ce bassin est considéré par l'administration américaine et des experts du monde occidental comme étant le « deuxième poumon » de la planète après l'Amazonie. Cette forêt est la plus grande forêt tropicale du monde après celle du Brésil. Ce bassin recèle un tiers de la végétation mondiale. C'est en marge du sommet sur l'environnement durable de septembre 2003 à Johannesburg, que les pays occidentaux, les institutions internationales et les ONG ont lancé, sur l'initiative des Etats-Unis, un nouveau partenariat. Il avait pour but de protéger et de gérer les ressources forestières du bassin du Congo, de manière durable. Sur l'initiative de Paris, le premier sommet a eu lieu en France. Les américains étant les chefs de file du partenariat, ont tenu sous le patronage de Monsieur TURNER, Sous-secrétaire d'Etat Américain aux Océans et à l'Environnement international ; à signifier au cours de la deuxième réunion du 24 au 26 juin 2004 à Brazzaville, le dégagement de 20 millions de dollars sur les 53 millions de contribution promis par l'administration américaine.

En effet, on se retrouve au Congo Brazzaville dans une situation où l'administration américaine paye pour garantir la stabilisation de l'exploitation forestière et le renouvellement des ressources du bassin du Congo que la Chine exploite en respectant peu les règles d'exploitation. C'est ainsi que Serge Michel et Michel Beuret disent qu' : « en 2006, le Congo a exporté près d'un million de mètres cubes de bois, dont deux tiers de grumes (troncs entier) malgré la loi qui impose de transformer 85 % de la production sur place ». Ce qui entraine un climat de conflit et de rivalité entre les Etats-Unis qui ont sur place une organisation (ONG) de surveillance au nom de Wildlife.

Conservation Society (WCS) et la Chine qui a des compagnies forestières telle que Sicofor exploite ce bassin.

Les chinois exploitent plusieurs espèces de bois tropicaux, telle que le Moabi qui met une centaine d'années pour arriver à maturité. Pendant que l'administration américaine entend protéger le bassin du Congo contre la déforestation, la Chine devient le premier exportateur du bois congolais. Elle exploite 60 % de la forêt congolaise, et le tableau N° 1 (ci-dessous) nous démontre l'évolution en tonne et en valeur des exportations du bois vers la Chine en provenance du Congo Brazzaville.

L'augmentation est nette car l'exportation du bois en valeur est passée de 2 552 086 769 FCFA en 2005 à 28 473 788 024 FCFA en 2007. Aujourd'hui, la déforestation du bassin du Congo avance à raison de 934 000 hectares par an et d'après une étude du centre américain Woods Hole Resarch : « un tiers de cette forêt, soit la taille de la France métropolitaine, est livré à l'exploitation du bois ».

Les américains et les chinois sont aussi en rivalité en République Démocratique du Congo (RDC). Ce grand pays (autrefois le Zaïre) a toujours été sous influence américaine. Ce qui explique même la présence pendant la guerre froide de Bush père comme ambassadeur à Kinshasa. Par contre, ce pays a établi des relations diplomatiques très tardivement avec la Chine, en 1972. La présence chinoise à Kinshasa n'avait jamais inquiété les américains. Mais ce n'est qu'à partir de 2000, date du premier forum Chineafrique que les chinois ont établi le nouveau partenariat et avec leur entrée explosive en Afrique, que les américains ont commencé à se sentir menacer de la présence chinoise à Kinshasa. La République Démocratique du Congo est l'un des pays les plus riches du monde en matières minière.

Mais cependant les rivalités entre ces deux grands en République Démocratique du Congo n'ont commencé à prendre de l'ampleur que lorsque les congolais ont renforcé et à signé les accords militaires avec la Chine Populaire, sachant que le Congo détient de l'uranium. C'est au sud-est de la RDC à Shinkolobwe que les américains avaient importé 1 500 tonnes d'uranium qui auraient permis la fabrication des bombes atomiques américaines.

C'est dans un climat de méfiance que l'administration voit d'un mauvais œil le renforcement de la présence chinoise à Kinshasa, alors que les américains connaissent les rapports de la Chine avec l'Iran et la Corée du Nord qui veulent tous deux se doter de l'arme atomique.

Un autre élément qui s'ajoute aux suspicions de Washington à l'égard de la Chine, c'est le renforcement de la présence chinoise à Kinshasa par la signature des grands contrats avec le gouvernement qui atteignent plus de 15 milliards de dollars. Les chinois ont signé un contrat sur l'échange d'infrastructures contre les minerais stratégiques tels que le cuivre et le cobalt pour un montant de 9 milliards de dollars. La signature de ce contrat serait à l'origine de l'offensive militaire de Laurent Nkounda à l'est de la RDC. Cette offensive serait appuyée par l'Etat Rwandais qui était à son tour soutenu par les lobbies contrôlé par l'ancienne administration américaine de Bush dans sa politique d'endiguement de l'avancée chinoise en RDC. Nous remarquons que sur le marché international le Rwanda devient un grand exportateur de Coltan, un composé de colombite et de tantale, alors que son sous-sol n'en possède pas. Ce minerai, indispensable dans l'industrie des télécommunications, se trouve à l'est de la RDC. C'est même dans cette perspective que le Forum international pour la Vérité et la Justice dans l'Afrique des Grands Lacs qui réunit des personnalités tels que le Prix Nobel de la Paix Adolfo Pérez Esquivel et l'élue au Congrès américain Cynthia A Mckinney, dénonce : « les rebelles de l'Est du Congo comme étant les gendarmes de groupes beaucoup plus puissants ; ils agissent pour le compte de ceux qui s'opposent à ce que la Chine pénètre où que ce soit au Congo ».

Sur la question Soudanaise, les États-Unis sont en permanence en conflit avec la Chine. Cette rivalité a été mise au jour lorsque Pékin a posé un droit de veto contre les efforts des américains et de l'opinion internationale pour l'envoi d'une force de maintien de la paix au Soudan sans l'accord de Khartoum. Ce malgré les exactions commises au Darfour sur les populations civiles avec les armes chinoises. Devant cette opposition chinoise, la communauté internationale était obligée de négocier avec la Chine pour l'envoi des casques bleus. Pékin, en position de force, avait décidé de conditionner sa participation à cette mission.

Donc, la réaction de la Chine face à la situation du Darfour a été considérée par l'ensemble de la classe politique américaine comme une sonnette d'alarme contre leur hégémonie politique, économique et militaire.

D'ailleurs, c'est ce qui explique aujourd'hui, entre autres, l'augmentation extraordinaire du budget l'armée américaine. Pour faire face aux efforts militaires de la Chine à vendre ses armes en Afrique, le cas le plus récent des pays comme le Zimbabwe de Mugabe, l'administration américaine a créé un nouveau commandementmilitaire pour l'Afrique sous le nom de « Africa Command » ou « Africom ».

Le commerce Intra-Africain

Le Développement Économique
en Afrique

Le commerce intra-africain est porteur de grandes promesses pour ce qui est de créer des emplois, de stimuler l'investissement et d'encourager la croissance en Afrique. Depuis que les pays africains ont obtenu leur indépendance politique, dans les années 1960, leurs gouvernements ont déployé beaucoup d'efforts pour exploiter le potentiel du commerce de façon à ce qu'il contribue au développement ; la dernière fois, lors du Sommet de l'Union africaine qui s'est tenu en janvier 2012, les dirigeants africains ont ainsi réaffirmé leur engagement politique de dynamiser les échanges intra-africains et d'accélérer la création d'une zone de libre-échange pan continentale.

La plupart des pays africains n'ont guère fait de progrès notables dans le développement du commerce régional. Au cours de la période comprise entre 2007 et 2011, la part des exportations intra-africaines dans le total des exportations de marchandises selon le FMI était en moyenne de 11 % en Afrique alors qu'elle était de 50 % dans les pays en développement d'Asie, de 21 % en Amérique latine et dans les Caraïbes et de 70 % en Europe.

Plusieurs raisons expliquent les piètres résultats de l'Afrique sur le plan des échanges régionaux, notamment le fait que les efforts d'intégration régionale accomplis au niveau du continent ont jusqu'ici été axés davantage sur l'élimination des obstacles au commerce que sur le renforcement des capacités productives dont celui-ci est tributaire. Certes, il importe d'éliminer ces obstacles, mais cette approche n'aura pas l'effet souhaité si elle ne s'accompagne pas de mesures visant à stimuler les capacités d'offre. Le rôle limité que joue le secteur privé dans les initiatives et les efforts d'intégration régionale a également contribué aux mauvais résultats commerciaux du continent. Bien qu'il incombe aux pouvoirs publics de conclure des accords commerciaux, c'est le secteur privé qui comprend le mieux les contraintes auxquelles les entreprises font face et qui est le plus en mesure de tirer parti des possibilités offertes par les initiatives commerciales régionales.

Certes, les communautés économiques régionales africaines s'emploient de plus en plus à intégrer le secteur privé dans leurs structures et leurs plans d'action, par exemple en créant des associations commerciales, mais le secteur public reste le seul moteur actif de l'intégration régionale en Afrique, le secteur privé demeurant un participant passif. Si les gouvernements africains veulent réussir à doper les échanges intra-africains, ils doivent permettre au secteur privé de jouer un rôle plus actif dans le processus d'intégration.

Enfin, il faut souligner la nécessité d'adopter une autre approche de l'intégration régionale en Afrique, appelée régionalisme développementiste par les experts, et expose les grands traits de cette nouvelle approche ainsi que les modalités de son application sur ce continent. Cette approche exigera l'abandon du modèle d'intégration linéaire, qui s'attache exagérément aux processus, en faveur d'une approche plus pragmatique et davantage axée sur les résultats.

Pourquoi Accélérer
le Commerce Intra-Africain ?

Le fait que les dirigeants africains se soient de nouveau engager à développer le commerce intra-africain peut être attribué à plusieurs facteurs. Les pays africains connaissent une croissance raisonnable depuis une dizaine d'années, mais cette croissance n'a pas généré d'emplois et a été induite par l'instabilité des prix des produits de base. Il est dorénavant admis qu'il faut diversifier l'économie pour créer des emplois et soutenir la croissance. En Afrique, étant donné que le commerce régional repose généralement sur l'activité manufacturière, on considère que les échanges régionaux peuvent favoriser la diversification et augmenter par le fait même les perspectives de croissance et de développement sur le continent. À ce propos, on a observé une augmentation des revenus et de la taille de la classe moyenne en Afrique au cours de la dernière décennie.

L'expansion du commerce régional est également considérée comme une occasion pour les pays africains de surmonter l'obstacle majeur à la compétitivité à l'exportation que constitue la petite taille de leur économie. En particulier, elle permettra aux entreprises africaines d'accroître leur compétitivité grâce aux économies d'échelle associées à la présence d'un important marché. Il s'agit en l'occurrence d'une première étape vers le renforcement des capacités et de la compétitivité qui leur permettra d'exporter au niveau mondial. La situation géographique constitue un autre motif de stimuler le commerce intra-africain.

Beaucoup de pays africains, par exemple ceux d'Afrique australe, sont très éloignés des grands marchés de consommation porteurs d'Europe, d'Amérique du Nord et d'Asie. Le développement des échanges régionaux permettra à ces pays de faire sauter les verrous qui entravent l'exportation vers des marchés lointains.

Les conséquences désastreuses de la grande récession de 2008-2009 sur les pays africains ont fait apparaître la vulnérabilité de ce continent aux chocs mondiaux. Cette crise a entraîné une baisse significative de la demande étrangère sur les marchés traditionnels africains, d'où la nécessité de diversifier les marchés d'exportation. Les gouvernements africains estiment que le commerce régional offre d'intéressantes perspectives pour aider leurs pays à se prémunir contre les chocs extérieurs. L'impasse dans laquelle se trouve actuellement le Cycle des négociations commerciales de Doha incite également les pays à accorder une plus grande attention aux questions commerciales bilatérales et régionales. D'autres régions agissent déjà dans ce sens, et les dirigeants africains ne veulent pas que l'Afrique fasse exception à la règle.

La Situation Économique
Intra-Africains

Il est essentiel de bien comprendre l'ampleur, les tendances et la composition des échanges intra-africains pour concevoir et appliquer des politiques qui permettront de stimuler ce commerce.

Sur le plan uniquement de la croissance en volume, les résultats à l'exportation du continent africain sont demeurés excellents au cours de la période 2007-2014.

Ainsi, selon les experts (FMI), les exportations africaines ont augmenté de 5,2 % par an, contre 4,8 % pour les exportations mondiales, 2,4 % pour les exportations des pays développés et 2,9 % pour les exportations des pays en développement d'Amérique, même si la croissance enregistrée en Afrique a été inférieure à celle observée dans les pays en développement d'Asie (8,8 %) et les pays en développement en général (7,8 %). Cependant, s'agissant des importations, l'Afrique a continué d'enregistrer le taux de croissance réelle le plus élevé de toutes les catégories.

Malgré la croissance rapide des échanges africains, ce continent reste un acteur marginal du commerce mondial, représentant selon le FMI seulement 2,8 % des exportations mondiales (en dollars courants des États-Unis) et 2,5 % des importations mondiales entre 2000 et 2010. Les parts de l'Afrique et de l'Afrique subsaharienne dans les exportations et les importations mondiales ont considérablement reculé entre 1970 et 2011. Cette tendance à la baisse a pu être observée dans presque toutes les régions d'Afrique et presque toutes les communautés économiques régionales africaines.

Toujours selon le FMI, le montant total du commerce intra-africain a atteint 130,1 milliards de dollars en 2011, soit 11,3 % du montant total du commerce africain.

Les échanges intra-africains ne représentent toutefois encore qu'un très faible pourcentage du commerce africain.

La part du commerce intra-africain dans le total des échanges est sensiblement plus élevée dans les pays non-exportateurs de combustibles que dans les pays exportateurs de combustibles.

Pour évaluer le niveau du commerce intra-africain d'une façon plus rigoureuse, il faut comparer les échanges régionaux réels avec les échanges potentiels, comme cela a été fait au moyen d'un modèle de gravité (Foroutan and Pritchett, 1993). Le modèle de gravité utilise à cette fin une longue liste de variables, dont : le PIB ou la population d'un pays comme indicateur de la taille de son économie ; le revenu par habitant comme indicateur du développement économique ; les coûts de transport, sur la base notamment de la distance jusqu'aux marchés et les obstacles tarifaires et non tarifaires à titre indicatif ; des facteurs culturels, tels qu'une langue commune ; des variables géographiques, telles que l'absence de littoral, une situation insulaire ou une frontière commune ; des variables historiques, telles qu'une histoire coloniale commune ; et des variables de politique économique, telles que l'adhésion à un accord commercial préférentiel. Ce modèle inclut des facteurs qui sont fixes et sur lesquels il est difficile d'agir à travers les politiques. Par conséquent, la croissance potentielle du commerce intra-africain sera déterminée par la mesure dans laquelle quelques-uns de ces facteurs peuvent varier.

En résumé, le volume des échanges intra-africains n'est pas aussi faible que les statistiques officielles le laissent entendre. Correctement mesurée, la part du commerce intra-africain dans le total des échanges pourrait se rapprocher des valeurs observées dans d'autres régions en développement, en particulier en

Amérique latine et dans les Caraïbes, où le commerce intra régional représente environ 20 % du total des échanges. Le volume des échanges intra-africains reste néanmoins inférieur à ce qu'il pourrait être. Les études empiriques montrent que si quelques-uns des obstacles qui entravent son expansion étaient surmontés, le commerce intra-africain pourrait augmenter considérablement.

À l'exception de la Communauté économique des États de l'Afrique centrale (CEEAC), une partie importante des échanges intra-africains de chaque CER africaine est réalisée au sein du bloc commercial régional auquel elle appartient. Cela confirme que la formation de blocs régionaux en Afrique a favorisé le commerce entre les pays membres (Cernat, 2001). Par exemple, au cours de la période 2007-2011, 64,7 % des échanges intra-africains de la Communauté des États sahélo-sahariens (CEN-SAD) avaient eu lieu entre des pays membres de celle-ci.

Ce chiffre était de 78,4 % et de 65,5 % pour la Communauté de développement de l'Afrique australe (SADC) et pour la Communauté économique des États de l'Afrique de l'Ouest (CEDEAO), respectivement.

L'importance du commerce intra-africain varie beaucoup selon le pays.

Par exemple, pour la période 2007-2011, neuf pays (Bénin, Djibouti, Kenya, Mali, Ouganda, Rwanda, Sénégal, Togo et Zimbabwe) ont exporté au moins 40 % de leurs produits vers d'autres pays africains, contre seulement cinq pays pendant la période 1996-2000. S'agissant des importations, 11 pays (Botswana, Burkina Faso, Lesotho, Malawi,

Mali, République démocratique du Congo, Rwanda, Sierra Leone, Swaziland, Zambie et Zimbabwe) ont importé au moins 40 % de leurs produits d'autres pays africains entre 2007 et 2011, comparativement à neuf pays entre 1996 et 2000.

Durant la période 2007-2011, les cinq pays qui ont effectué le plus d'exportations intra-africaines par rapport à leurs exportations mondiales étaient : le Mali (53,5 %), le Togo (52 %), le Zimbabwe (50,8 %), le Sénégal (47,9 %) et l'Ouganda (44,7 %). Les cinq pays qui ont effectué le plus d'importations intra-africaines par rapport à leurs importations mondiales étaient : le Botswana (82,1 %), le Zimbabwe (73,5 %), le Swaziland (69,5 %), la Zambie (63,5 %) et le Lesotho (63,5 %).

Vingt-six pays comptaient l'Afrique du Sud, et 13 pays comptaient le Nigéria, parmi les cinq principales destinations de leurs exportations. En outre, 12 pays comprenaient l'Égypte, et six pays comprenaient l'Algérie, parmi les cinq principales destinations de leurs exportations.

En raison de leur importance économique et démographique considérable, l'Algérie, l'Égypte, le Nigéria et l'Afrique du Sud représentaient, en 2011, 67 % du PIB total de l'Afrique. Il n'est donc pas surprenant de constater que ces pays constituaient également d'importants débouchés à l'exportation dans leur région respective.

Au niveau national, les exportations et les

importations intra-africaines se limitent généralement à quelques destinations.

En ce qui concerne la proportion du produit intérieur brut (PIB) attribuable au commerce intra-africain, seuls trois pays, à savoir le Lesotho, le Swaziland et le Zimbabwe, ont affiché un ratio commerce intra-africain/PIB supérieur à 50 %, indiquant que le continent effectuait généralement ses échanges avec des pays extérieurs à la région et que les structures de production et d'exportation étaient surtout destinées à satisfaire la demande extrarégionale. Dix pays, à savoir l'Algérie, l'Angola, le Cap-Vert, l'Égypte, l'Éthiopie, le Libéria, la Libye, le Maroc, la République centrafricaine et le Soudan, ont enregistré un ratio commerce intra-africain/PIB inférieur à 5 %, et 37 pays, un ratio inférieur à 15 %.

Au cours de la période 2007-2011, le commerce intra-africain des produits de base et des combustibles ne concernait que 14,9 % et 17,7 %, respectivement, du total des échanges africains de ces produits. De nombreux pays africains obligés d'importer des produits de base et des combustibles s'approvisionnent à l'extérieur de la région plutôt qu'à l'intérieur. Ainsi, en raison du manque de raffineries et des contraintes nationales en matière de capacités, certains pays africains, comme le Nigéria, exportent du pétrole brut et importent ensuite du pétrole raffiné. L'absence d'infrastructures et le manque d'investissements dans des installations de raffinage locales pourraient également limiter les possibilités de réaliser des échanges intra-africains de combustibles. De fait, seulement 24,4 % des importations africaines de produits de base et de combustibles provenaient en moyenne de pays africains entre 2007 et 2011.

Lorsqu'on analyse, par catégorie de produits, la part des échanges internes réalisés au niveau des CER africaines, on constate qu'au cours de la période 2007-2011, seule la CAE a effectué plus de 25 % de ses échanges au sein de son propre bloc dans cinq catégories sur neuf. Elle était suivie par la CEEAC et la CEDEAO, qui ont toutes deux fait de même dans trois catégories, puis par le COMESA et la SADC dans seulement deux catégories, la CEN-SAD et l'IGAD dans une catégorie et enfin par l'UMA, qui ne l'a fait dans aucune. À titre de comparaison, l'ASEAN a effectué plus de 25 % de ses échanges au niveau interne dans cinq catégories.

Ces chiffres montrent que les entreprises africaines peuvent se définir de plus en plus en tant que fournisseurs dans diverses catégories de produits en Afrique, dès lors que des mesures appropriées sont mises en place pour favoriser la compétitivité entre elles et sont accompagnées de politiques visant à renforcer les capacités productives, telles que des politiques industrielles nationales et régionales pouvant favoriser à la fois le commerce intersectoriel et le commerce intra sectoriel à long terme.

Le problème du potentiel inexploité du commerce

intra-africain est particulièrement manifeste dans le secteur de l'agriculture. L'Afrique est le continent où l'on recense le plus fort pourcentage de terres arables en friche ; on estime en effet que de 50 à 60 % des terres arables en friche du monde entier se trouvent en Afrique subsaharienne.

Une analyse du FMI sur le commerce intra-africain par pays, révèle que seulement 25 pays africains comptaient un produit agricole ou lié à l'agriculture parmi leurs deux principales exportations intra-africaines au cours de la période 2007-2011. Si on élargit cette analyse de façon à couvrir les cinq principales exportations intra-africaines de chaque pays, on constate que les exportations agricoles visent seulement une petite gamme de 34 produits, dont certains ne concernent que très peu de pays. Ainsi, seuls le Bénin et le Botswana exportent des viandes au sein du continent. Le Burkina Faso, Djibouti, l'Éthiopie, le Mali, le Niger, le Rwanda et le Soudan sont les seuls pays à compter les animaux vivants dans leurs cinq principales exportations intra régionales. De la même façon, le riz est uniquement exporté par le Bénin et le Cap-Vert, le maïs, seulement par le Malawi, et les légumes, seulement par l'Érythrée, l'Éthiopie, le Niger et la Somalie.

Dans la mesure où il existe encore des terres arables en friche en Afrique et compte tenu de la demande d'importation de produits alimentaires, il devrait être possible d'élargir la gamme des produits agricoles qui sont produits et commercialisés sur ce continent grâce à la mise en place de politiques agricoles et agro-industrielles appropriées. Des pays comme le Ghana et l'Afrique du Sud, qui enregistrent d'importants excédents commerciaux s'agissant des produits alimentaires échangés au niveau mondial, ne comptent pourtant pas les produits agricoles parmi leurs cinq principales exportations intra-africaines. Cela montre qu'on peut mieux satisfaire la demande alimentaire africaine au niveau intra régional en augmentant la production agricole nationale des pays africains.

En Afrique, la part des articles manufacturés dans le total des échanges intra-africains était en moyenne de 65,2 % entre 2007 et 2011, tandis que dans les pays en développement d'Amérique, elle a augmenté, passant de 55,2 % à 56,2 %. Le recul enregistré pour l'Afrique peut s'expliquer par le faible développement du secteur manufacturier africain par rapport à celui des deux autres régions (UNCTAD et UNIDO, 2011).

Le volume des échanges intra sectoriels est faible en Afrique et il entrave l'expansion du commerce intra-africain.

Les échanges intra sectoriels influent sur les échanges intra régionaux. Par exemple, la forte hausse du commerce intra régional entre les pays émergents d'Asie observée au début de la dernière décennie est principalement attribuable au commerce des biens intermédiaires, ce qui a conduit à une augmentation notable de la part des échanges asiatiques dans le commerce mondial (Zebregs, 2004). La participation de ces pays émergents asiatiques à des réseaux régionaux de production manufacturière qui sont intégrés verticalement a permis de stimuler les échanges intra sectoriels (soit à l'intérieur du secteur manufacturier) entre les pays ainsi que les échanges intra régionaux. La Chine joue un rôle extrêmement important dans les chaînes de valeur manufacturières régionales de l'Asie, car elle dope la demande en sous-composants d'autres pays et relie les chaînes de valeur régionales asiatiques aux chaînes d'approvisionnement mondiales. L'investissement intra-africain est en hausse dans certains pays, mais des débouchés demeurent inexploités.

Les données sur l'investissement intra-africain sont peu nombreuses. Certains éléments laissent cependant entendre que les flux d'investissement dans la région ont augmenté ces dix dernières années, mais que d'importantes possibilités d'investissement intra régional demeurent inexploitées.

Selon une étude menée sur la valeur de l'ensemble des projets d'investissement étranger direct (IED) entrepris en Afrique entre 2003 et 2010, seulement 5 % de cette valeur totale, soit 46 milliards de dollars, provenaient d'IED intra-africains (Africa Investor, 2012). En revanche, la part des entrées d'IED provenant de pays membres de l'ASEAN dans le total des flux d'IED vers l'ASEAN s'élevait en moyenne à 16,7 % entre 2008 et 2010 (ESCAP, 2012).

Enfin, les faits stylisés présentés dans le présent chapitre confirment l'opinion populaire sur le commerce africain selon laquelle l'Afrique est un acteur marginal du commerce mondial, avec un faible niveau d'échanges intra régionaux. Cependant, ils montrent également que les échanges effectués au sein du continent et avec le reste du monde ont connu une croissance énergique, affichant des taux de croissance nominale qui sont comparables à ceux d'autres régions. Les analyses empiriques montrent aussi que d'importants débouchés commerciaux régionaux demeurent inexploités dans de multiples secteurs, y compris ceux des produits de base, des articles manufacturés et de l'agriculture. S'agissant de l'investissement, les données disponibles laissent entendre qu'il y a eu une augmentation notable du nombre de nouveaux projets d'IED intra-africains, impulsés principalement par l'Afrique du Sud, le Kenya et le Nigéria. Toutefois, la plupart des nouveaux projets d'investissement de création intra-africains visaient le secteur des services. En outre, d'après les données fournies par les investisseurs, l'Afrique du Sud demeure le seul pays africain des 20 principaux pays investissant en Afrique.

Les Blocs Commerciaux Régionaux

Les études et les analyses empiriques du commerce et de l'investissement en Afrique font apparaître une augmentation sensible de la croissance du commerce intra-africain depuis vingt ans, mais une croissance qui demeure très faible par rapport à celle d'autres continents. Elles donnent à penser que ce commerce est faible par rapport à ce qu'il pourrait être, ce qui sous-entend la présence de possibilités inexploitées d'échanges régionaux, particulièrement dans les secteurs agricole et manufacturier. Le continent est riche en ressources naturelles et humaines, richesse qui pourrait étayer une expansion de la production et du commerce agricoles. Ainsi, avec 733 millions d'hectares de terres arables, l'Afrique possède environ 27 % du total mondial, alors que l'Asie n'en a que 628 millions d'hectares et l'Amérique latine 570 millions (Juma, 2011).

Pourtant, de nombreux pays du continent sont aujourd'hui importateurs nets de produits alimentaires et de produits agricoles, se trouvent en situation d'insécurité alimentaire. Il est absolument indispensable d'inverser cette tendance préoccupante si l'on veut stimuler le commerce intra-africain.

La formation de blocs commerciaux régionaux est une caractéristique importante de l'intégration économique en Afrique. Il existe sur le continent 17 blocs de ce genre, dont 8 sont reconnus officiellement par l'Union africaine (UNCTAD, 2009). Les communautés économiques régionales ont été créées essentiellement pour promouvoir la coopération économique, mais elles interviennent de plus en plus aussi dans d'autres domaines.

Ainsi, la CEDEAO et a SADC se sont employées très activement à promouvoir la paix et la sécurité dans leur région respective. Phénomène intéressant, dans une étude récente de la Commission économique pour l'Afrique (CEA) sur les pays membres et les communautés économiques régionales, 39 % des enquêtés ont indiqué qu'ils adhéraient à un bloc régional pour des raisons économiques, contre 31 % qui le faisaient pour des raisons politiques.

Le nombre élevé des blocs commerciaux régionaux en Afrique donne à penser que les dirigeants politiques estiment que ces blocs offrent la possibilité de promouvoir le commerce régional, de stimuler la croissance et de créer du développement.

Cette conviction peut s'expliquer rationnellement à partir d'arguments des ouvrages spécialisés qui révèlent la possibilité de tirer des avantages statiques et dynamiques de la libéralisation douanière dans le cadre d'accords régionaux de commerce (Viner, 1950). Les avantages statiques découlent d'une affectation plus rationnelle et plus efficace des ressources : la suppression des obstacles au commerce entre membres d'un même bloc crée des échanges au sein du bloc en transférant la production des zones ou pays à coût élevé aux zones ou pays à faible coût.

Les blocs commerciaux régionaux peuvent apporter à leurs membres des avantages dynamiques ou des possibilités de croissance en donnant aux entreprises l'accès à un marché plus étendu, ce qui permet d'exploiter des économies d'échelle et de surmonter les obstacles dus à la petitesse des économies nationales. Avec 54 pays, l'Afrique a plus d'États mais moins d'habitants que l'Asie.

Les ouvrages sur l'intégration économique fournissent des éléments d'information intéressants sur la répartition des avantages dans un bloc commercial. Plus précisément, ils tendraient à prouver que cette répartition est fonction des caractéristiques des pays et que la formation d'un bloc commercial n'aura probablement pas les mêmes effets sur les différents membres. Par exemple, l'appartenance à un bloc est généralement avantageuse pour les pays sans littoral, particulièrement si certains membres du bloc ont accès à la mer et que la formation du bloc débouche sur le développement de l'infrastructure régionale.

La raison en est que dans le cadre considéré, l'intégration profite aux pays qui ont des caractéristiques plus proches de la moyenne mondiale. Dans les blocs de pays développés, ce sont habituellement les membres les plus pauvres, tandis que dans les cas de blocs de pays en développement, ce sont habituellement les membres les plus riches du bloc (Collier, 2008).. La répartition des avantages dans les blocs commerciaux régionaux d'Afrique affecte dans une grande mesure l'efficacité et la viabilité de ces blocs.

Il convient de se demander à ce stade pourquoi le commerce intra-africain est maigre, d'autant plus que les blocs commerciaux régionaux sont relativement nombreux sur le continent.

La Faible Compétitivité de la Production et du Commerce

Le commerce intra-africain est freiné par la médiocrité de l'offre par rapport aux possibilités du marché régional et par l'absence de compétitivité des exportations.

Dans la plupart des pays du continent, les entreprises ont des coûts de production élevés par suite d'un mauvais accès à des facteurs de production comme l'électricité, le crédit, la main-d'œuvre qualifiée et d'autres intrants, de sorte qu'il leur est difficile d'être compétitives. L'Afrique est en retard sur d'autres régions en développement pour ce qui est de l'infrastructure matérielle et des équipements collectifs. La densité routière est de 7,2 kilomètres pour 100 kilomètres carrés de terre arable, contre 127 pour les pays en développement d'autres continents. La production d'électricité est de 398 mégawatts pour 1 million d'habitants, contre 2 475 dans les pays en développement non africains. En outre, 67 % seulement des habitants ont accès à l'eau et 35 % ont accès à des installations sanitaires.

Les chiffres correspondants pour les pays en développement non africains sont de 85 % et 70 % respectivement (Beck et al, 2011).

Le continent a un taux de pénétration d'Internet très faible (3 %) par rapport à la moyenne mondiale, qui est de 14 %.

En outre, les services d'infrastructure y coûtent deux fois plus cher que dans d'autres régions en développement.

Le commerce intra-africain se heurte encore à des droits de douane assez élevés. L'exportateur vers les marchés extérieurs au continent est soumis à un taux de protection moyen de 2,5 %, seulement, en grande partie par suite des préférences dont l'Afrique bénéficie en vertu du Système généralisé de préférences, de l'initiative « Tout sauf les armes » et de la « Loi sur la croissance et les potentialités de l'Afrique ».

Les pays africains imposent aussi des obstacles non tarifaires au commerce : contrôle des prix, normes pour les produits, contrôle des changes, contingentement, licences non automatiques, contraintes administratives, formalités documentaires excessives et inutiles et lenteurs inutiles.

Les coûts de transaction (transport et assurance) sont très élevés en Afrique et gênent la croissance du commerce intracontinental. Des enquêtes sur les entreprises montrent que la route est le principal moyen de transport de marchandises dans ce commerce (UNCTAD, 2009). La qualité des routes, particulièrement des grands axes qui relient les marchés régionaux, est donc particulièrement importante pour la compétitivité des marchandises. L'Afrique possède aujourd'hui moins de routes qu'elle n'en avait il y a trente ans et la région accuse les coûts de transport de fret les plus élevés au monde. En Afrique centrale, le transport d'une tonne de marchandise sur le trajet Douala (Cameroun)-N'Djamena (Tchad) coûte 0,11 dollar le kilomètre, soit plus du double du coût en Europe occidentale, qui est de 0,05 dollar, et plus du quintuple de celui du Pakistan (0,02 dollar). Dans l'ensemble, on constate que la cherté du transport nuit à l'expansion du commerce plus que les restrictions tarifaires ou non tarifaires au commerce (Teravaninthorn and Raballand, 2008).

Forte Concentration de la Production et des Marchés

Le commerce extérieur des pays africains est limité à une gamme étroite de produits. Avec une valeur de 0,411 en 2011, l'indice de concentration des exportations africaines est le double de l'indice qui le suit immédiatement, celui de l'Asie du Sud, qui est de 0,203. En Asie de l'Est, région qui a été citée comme étant un modèle de diversification des exportations dans les dernières décennies, l'indice de concentration est de 0,103, soit le quart de celui de l'Afrique. En outre, beaucoup des produits exportés par l'Afrique n'intéressent pas les consommateurs des pays africains. Ainsi, les 15 pays sans littoral du continent (avant que le Soudan du Sud ne devienne indépendant) exportent principalement les articles suivants : diamants, uranium, café, coton, textiles et vêtements, bétail, tabac, sucre et cuivre. La plupart de ces produits ne sont pas d'une importance vitale pour le commerce intra-africain car ils ne sont habituellement utilisés ni comme biens de consommation ni comme biens intermédiaires dans les industries des pays africains (Nkurunzira, 2012).

L'étroitesse de l'éventail de production en Afrique limite le commerce régional, mais elle n'explique pas entièrement la dynamique du commerce intra régional.

Ainsi, dans la CEDEAO, si la gamme des produits exportés est limitée, un tableau de l'avantage comparatif de la région montre que les exportations diffèrent considérablement des importations. Il serait donc possible d'étoffer le commerce intra régional, particulièrement celui des produits alimentaires et des produits agricoles, pour lesquels les pays du continent possèdent actuellement un avantage comparatif. Le régionalisme accroît le potentiel d'échanges, grâce aux économies d'échelle, à la diversification des produits et au commerce intra sectoriel.

En ce qui concerne la concentration des marchés, certains pays sont tributaires de quelques marchés d'exportation peu nombreux. Ainsi, dans la SADC, l'Afrique du Sud a une économie si puissante qu'elle fournit une grosse part des importations des autres pays de la Communauté. Dans la deuxième moitié de la décennie 2000, environ 59 % des importations intracommunautaires étaient originaires d'Afrique du Sud, en baisse par rapport à la décennie précédente, où les importations en provenance de ce pays représentaient 81 % du total (Kean et al, 2010).

L'Afrique du Sud n'est pas le seul pays concerné par la concentration des échanges. Dans la CAE, le Kenya est prépondérant dans les exportations intra régionales, avec près de 75 % du total.

En Afrique de l'Ouest, le commerce intra régional est dominé par le Nigéria, et dans une certaine mesure par la Côte d'Ivoire, fournit environ 70 % des exportations totales (UNCTAD, 2009).

Les Facteurs Extérieurs

On ne peut pas analyser le commerce intra-africain sans tenir compte des facteurs extérieurs qui donnent sa physionomie au commerce international. La mondialisation et la libéralisation des échanges ont intensifié la concurrence en Afrique. Des marchés qui étaient auparavant locaux et régionaux font aujourd'hui partie d'un marché planétaire relativement ouvert. Les consommateurs africains ont accès davantage à des produits importés, notamment en provenance des économies émergentes du Sud, produits qui sont moins chers que des biens d'origine locale ou régionale (Kaplinsky and Morris, 2008 ; Ighobor, 2013).

Il existe d'autres facteurs extérieurs qui n'ont peut-être pas d'effet direct sur le commerce intra-africain mais qui pourraient acquérir de l'importance un jour. La CNUCED a déjà recensé un certain nombre de ces facteurs (UNCTAD, 2009), mais au moins deux d'entre eux, les accords de partenariat économique et la Loi sur la croissance et les potentialités de l'Afrique, méritent d'être rappelées, étant donné leur pertinence pour l'avenir de ce commerce.

D'autres préoccupations ont été exprimées à propos des accords de partenariat économique. Par exemple, on a fait valoir que l'Afrique allait perdre des revenus appréciables si l'on supprimait entièrement les taxes sur les importations en provenance de l'Union européenne. En effet, alors que de moins en moins de pays alimentent leurs recettes par les droits de douane, certaines estimations récentes montrent qu'à long terme, les pays africains pourraient perdre jusqu'à 71 % de leurs recettes douanières avec ce genre d'accord (Fontagné et al, 2010).

La Loi sur la croissance et les potentialités de l'Afrique offre unilatéralement un accès préférentiel au marché des États-Unis pour certaines marchandises exportées par les pays qui sont parties à l'accord. Les produits pétroliers sont les principales exportations africaines bénéficiant de cette loi, suivis par les textiles et les vêtements. En vertu de sa disposition relative aux tissus en provenance de pays tiers (encore que cette disposition n'assure pas l'exemption totale de droits de douane et que seuls certains pays remplissent les conditions pour en bénéficier), la loi prévoit des règles d'origine souples qui permettent aux exportateurs de textiles et vêtements d'acheter leurs tissus dans des pays tiers où ils sont les moins chers, notamment en Chine. Les pays africains, particulièrement les producteurs de coton d'Afrique de l'Ouest, pourraient envisager de transformer leur coton en tissus et de l'exporter dans les pays qui sont admis au bénéfice de la loi. L'approvisionnement en tissus originaires d'autres pays africains encouragerait la création de chaînes de valeur régionales, accroissant le commerce intra-africain tout en favorisant l'industrialisation du continent.

Le Secteur Privé Africain

L'Afrique tente depuis longtemps de promouvoir le commerce en exploitant les possibilités offertes par la coopération économique régionale. Les initiatives commerciales régionales prises sur ce continent ont toutefois davantage eu pour objet d'éliminer les obstacles au commerce que de développer les capacités productives, en particulier dans les secteurs manufacturiers et agro-industriels. La suppression des obstacles tarifaires et non tarifaires au commerce intra africain est certes importante, mais les décideurs doivent également encourager l'esprit d'entreprise et atténuer les contraintes du côté de l'offre qui limitent les capacités de production et d'exportation du secteur privé.

L'élimination des droits de douane n'aura aucune incidence notable sur les échanges intra-africains si les imperfections du marché qui existent du côté des intrants (sur les marchés du crédit, du travail et des capitaux, par exemple) ne sont pas corrigées de manière appropriée.

À cet égard, des mesures s'inscrivant dans la durée doivent être prises pour développer les capacités productives qui permettraient aux pays africains de satisfaire la demande régionale susceptible d'être induite par l'élimination des obstacles au commerce régional. Dans le cas contraire, les entreprises nationales risquent de ne pas pouvoir tirer parti des possibilités d'accès aux marchés offertes par l'intégration régionale, laissant alors aux entreprises étrangères tout le loisir d'accaparer la plupart des avantages découlant de ce processus, ce qui aurait de graves conséquences pour les entreprises nationales et le développement industriel.

Les pays africains ne disposant pas de structures de production et d'exportation diversifiées, ce qui limite leurs perspectives de commerce régional, ils doivent procéder à une transformation structurelle pour libérer leur potentiel commercial. La question essentielle est donc de savoir comment atteindre cet objectif et, surtout, de quels types d'entreprises privées le continent a-t-il besoin. Le présent chapitre met en évidence et examine certains aspects distinctifs de la structure entrepreneuriale africaine qui ont une incidence majeure sur l'expansion du commerce intra-africain.

Les gouvernements africains doivent s'attaquer à cinq aspects distinctifs de la structure entrepreneuriale africaine s'ils veulent réussir à promouvoir l'esprit d'entreprise, le développement du secteur privé et le commerce intra africain (UNIDO, 2008 ; UNCTAD et UNIDO, 2011), à savoir :

a) l'essor du secteur informel ;

b) la petite taille des entreprises africaines ;

c) la faiblesse des relations interentreprises ;

d) le faible niveau de compétitivité ; et e) le manque de capacités d'innovation.

Le Développement
du Secteur Informel

Les pays africains ont en commun le fait que leur économie parallèle est relativement forte. Bien qu'il soit difficile d'établir avec précision la dimension du secteur informel africain, des estimations récentes laissent supposer qu'il représente environ 38 % du PIB en Afrique subsaharienne, 18 % en Asie de l'Est et dans le Pacifique, 27 % au Moyen-Orient et en Afrique du Nord, 25 % en Asie du Sud et 35 % en Amérique latine et dans les Caraïbes. Ainsi, la part des emplois informels dans les emplois non agricoles locaux est passée de 40 % au cours de la période 1985-1989 à 61 % au cours de la période 2000-2007 (Schneider, 2012).

Fait intéressant, l'économie parallèle constitue une source d'emplois plus importante pour les femmes que pour les hommes. Ainsi, entre 2000 et 2007, la part des emplois informels dans les emplois non agricoles était de 77 % pour les femmes contre 63 % pour les hommes. Cette différence reflète à certains égards le fait que les femmes ont beaucoup plus de difficultés que les hommes à établir des entreprises dans le secteur structuré.

Des mesures gouvernementales doivent donc être prises pour endiguer l'essor des échanges informels en Afrique, étape décisive pour le développement du secteur privé et la promotion du commerce intra-africain. Il faut ainsi aider les entreprises à passer de l'économie non structurée à l'économie structurée, notamment en simplifiant les procédures d'obtention de permis pour qu'elles puissent s'inscrire au registre ; en fournissant des informations à tous les citoyens sur le démarrage d'une entreprise ainsi que sur les droits et responsabilités des entrepreneurs ; en simplifiant le régime fiscal de façon à réduire les coûts et les difficultés engendrés par la conformité aux lois et règlements ; et en renforçant la capacité des organismes gouvernementaux à appliquer ces lois et règlements.

Les Petites Entreprises Africaines

L'Afrique compte surtout des micros entreprises et des petites entreprises. Le continent accueille bien quelques grandes entreprises, mais les moyennes entreprises, qui jouent un rôle essentiel dans le développement économique des pays émergents et des pays développés, y sont peu nombreuses, voire absentes. Selon les enquêtes menées auprès d'entreprises manufacturières, celles-ci comptent en moyenne 47 employés en Afrique subsaharienne, contre 171 en Malaisie, 195 au Viet Nam, 393 en Thaïlande et 977 en Chine. En outre, des données récentes indiquent que non seulement les entreprises informelles, mais aussi les entreprises formelles sont très petites en Afrique (Dinh and Clarke, 2012). Cette taille relativement petite des entreprises africaines est une source d'inquiétude, car cela signifie qu'elles ne fonctionnent pas à leur niveau optimal et ne peuvent donc pas bénéficier des économies d'échelle nécessaires pour être compétitives.

Une coopération régionale plus efficace peut également augmenter le taux de survie des entreprises africaines, comme l'indiquent des données récentes selon lesquelles les initiatives de coopération commerciale peuvent réduire le taux de risque des exportations africaines, améliorant par la même occasion la survie et la croissance des entreprises exportatrices (Kamuganga, 2012).

L'Absence de Capacités d'Innovation

Il est essentiel de développer les capacités d'innovation pour pouvoir affronter la concurrence internationale et tirer parti des possibilités commerciales (UNCTAD and UNIDO, 2011). Les entreprises qui survivent et qui réussissent sur les marchés mondiaux sont généralement celles qui sont capables d'innover, d'exploiter les nouveaux débouchés et de s'adapter à un environnement économique en constante évolution. Tout comme les économies émergentes ayant mis en place des régimes commerciaux ouverts vers l'extérieur, les pays africains ne peuvent se permettre de faire abstraction des changements fondamentaux qui interviennent dans l'économie mondiale, ni de leurs répercussions sur la compétitivité tant au niveau régional qu'international.

Les pays africains peuvent développer leurs capacités d'innovation notamment en investissant dans la recherche-développement et en favorisant la commercialisation des résultats dans le cadre des relations établies avec les entreprises du secteur privé. Effectivement, pour de nombreux décideurs africains, le processus d'innovation est souvent synonyme d'inventions ou de percées technologiques majeures qui ont lieu dans des centres scientifiques spécialisés ou dans des centres de recherche et de développement. Ces activités sont certes essentielles pour repousser les frontières de la technologie, mais elles contrastent radicalement avec la réalité du processus d'innovation qui intervient dans un environnement hautement concurrentiel. Dans la conjoncture actuelle d'un marché dynamique et ouvert, les activités innovantes visent à maintenir un avantage concurrentiel et se déroulent généralement de façon continue, graduelle et évolutive au niveau de l'entreprise.

La notion d'innovation, telle que définie par la CNUCED, fait référence aux « processus par lesquels les entreprises acquièrent la maîtrise de la conception et de la production de biens et services qui sont nouveaux pour elles, que ces biens et services soient ou non nouveaux pour leurs concurrents, locaux ou étrangers ».

Défini ainsi, le processus d'innovation englobe la vaste gamme de changements graduels qu'apportent les entreprises afin de rester compétitives et rentables en améliorant les technologies utilisées, la conception des produits, les résultats techniques et la qualité des produits et en modifiant les structures organisationnelles, le style de gestion, les méthodes de commercialisation et de maintenance, ainsi que d'autres éléments de production à forte technicité.

Malheureusement, en Afrique et dans de nombreux autres pays en développement, les décideurs n'ont guère prêté attention, voire pas du tout, aux efforts qu'ont déployés les entreprises pour introduire des changements qui ne sont pas considérés comme des activités innovantes. Ne sont en effet considérées comme innovantes que les activités de recherche-développement des centres de recherche, des universités ou des grandes entreprises qui visent à inventer de nouvelles technologies ou de nouveaux produits ou procédés qui repoussent les frontières du savoir.

Les investissements dans la recherche-développement sont certes nécessaires pour stimuler l'innovation et accroître la capacité des entreprises nationales à imiter et à adopter les technologies mises au point à l'étranger, mais ils atteindront leurs objectifs uniquement s'ils visent à promouvoir l'innovation au niveau de l'entreprise plutôt qu'à effectuer des recherches plus générales destinées à renforcer les capacités scientifiques.

Les gouvernements africains doivent également recourir aux incitations économiques pour aider directement les entreprises à développer les capacités d'innovation qui sont essentielles au développement des exportations. Les pays africains devraient aussi tirer parti des possibilités découlant du rôle croissant que jouent les grands pays en développement dans l'innovation et le changement technologique. Ce point est particulièrement important parce que les technologies produites par d'autres pays en développement sont probablement plus appropriées et plus faciles à adapter que celles mises au point par des pays plus avancés.

Renforcer le Secteur Privé

En sa qualité d'acteur-clef de toute économie, le secteur privé a un rôle crucial à jouer dans le développement du commerce intra-africain. Dans cette optique, il faut renforcer sa capacité de produire et d'exporter des marchandises, en particulier celles caractérisées par une forte élasticité-revenu et une demande étrangère élevée. Dans les années 1980 et 1990, de nombreux pays africains ont entrepris une réforme des conditions de l'activité commerciale (protection des droits de propriété, assouplissement de la réglementation du travail, etc.) en vue de promouvoir le développement du secteur privé. L'expérience des trois dernières décennies a montré que, bien que ces réformes puissent s'avérer nécessaires, elles ne suffisent pas à promouvoir l'esprit d'entreprise, à libérer le dynamisme du secteur privé ni à renforcer les capacités productives dans la région (UNIDO, 2008). Par conséquent, une approche plus équilibrée et plus pragmatique doit être adoptée pour promouvoir le développement du secteur privé sur le continent.

Construire les Infrastructures de Bases

Pour réaliser le potentiel de l'Afrique en matière de commerce et de développement, il faut éliminer les contraintes imposées par l'insuffisance des infrastructures dans les domaines du transport, de l'énergie, des communications et de l'eau. Des infrastructures déficientes limitent l'accès aux marchés, font augmenter les coûts commerciaux et réduisent la productivité, entravant ainsi le commerce intra-africain.

On estime que la médiocrité des infrastructures africaines réduit la productivité des entreprises de 40 % et la croissance de la production par habitant d'environ 2 points de pourcentage. Étant donné l'ampleur et la portée des besoins en infrastructure de l'Afrique, on s'accorde à reconnaître que, pour corriger ces lacunes, une solution régionale et continentale s'impose. Dans ce but, l'Union africaine a lancé son programme de développement des infrastructures en Afrique à Kampala, en juillet 2010. Ce programme tourné vers l'avenir, qui met l'accent sur l'appropriation par les intéressés à l'échelon local, couvre la période comprise entre 2010 et 2040. Il regroupe les initiatives existantes en matière d'infrastructures telles que le plan d'action à court terme du Nouveau Partenariat pour le développement de l'Afrique (NEPAD), le cadre stratégique à moyen et à long terme du NEPAD et le plan directeur des infrastructures de l'Union africaine.

Lors du seizième Sommet de l'Union africaine, en janvier 2011, les dirigeants africains se sont une nouvelle fois engagés à poursuivre le développement des infrastructures sur le continent en adoptant l'Initiative présidentielle en faveur des infrastructures, qui prévoit la mise en œuvre de sept projets régionaux entre 2010 et 2015. Chacun des sept projets est dirigé par un chef d'État ou de gouvernement du NEPAD, le Président de l'Afrique du Sud agissant à titre de responsable de l'Initiative. La mobilisation des ressources jouera un rôle déterminant dans la mise en œuvre des programmes de développement des infrastructures en Afrique.

Il est inquiétant de constater que la plupart des investissements privés faits en Afrique sont destinés au secteur des télécommunications ; les gouvernements doivent intensifier leurs efforts afin que de nouveaux investissements profitent également à d'autres secteurs tels que l'énergie et les transports.

Les gouvernements doivent aussi trouver de nouvelles sources de financement innovantes pour mettre en œuvre des projets d'infrastructure sur le continent.

Par exemple, l'Afrique du Sud et le Kenya ont eu recours à des obligations d'infrastructure pour financer des projets routiers. D'autres pays africains devraient envisager cette option. Des fonds souverains ont été mis en place par des pays riches en ressources naturelles comme le Botswana, le Ghana, la Libye, le Nigéria et le Tchad. On estime que les pays africains avaient déjà investi environ 114,3 milliards de dollars en fonds souverains en décembre 2009 (Triki and Faye, 2011). Ces ressources pourraient servir à financer des projets d'infrastructure aux niveaux régional et continental. Les institutions de financement du développement régional, telles que la BAD, ont également un rôle important à jouer dans le financement du développement des infrastructures.

Rendre le Financement Plus Accessible

Les difficultés d'accès à un financement abordable constituent un enjeu majeur pour les entreprises africaines, seulement environ 23 % d'entre elles ayant obtenu des prêts ou des lignes de crédit, comparativement à 46 % dans les pays en développement non africains (Beck et al, 2011).

Ce problème touche particulièrement les PME parce que les banques privilégient généralement les grandes entreprises et que les institutions de micro financement se concentrent sur les micros entreprises, les institutions financières nationales ne donnant pas la priorité aux besoins de financement des PME. Plusieurs caractéristiques propres aux pays africains peuvent expliquer cet accès limité au financement. Le système financier est dominé par des banques qui, comparativement à celles situées sur d'autres continents, sont souvent de petite taille et concentrées et, dans de nombreux pays, appartiennent à des intérêts étrangers.

En outre, beaucoup de pays africains ne disposent que d'une infrastructure financière déficiente – ils manquent par exemple de bureaux de crédit, de registres de garanties, d'agences de notation de crédit et de systèmes de paiement et de règlement – et cela affecte leur accès au crédit et entrave le bon fonctionnement du système financier.

Les gouvernements africains doivent travailler en étroite collaboration avec le secteur privé afin d'améliorer l'infrastructure financière du continent. Par exemple, ils pourraient œuvrer avec le secteur privé pour améliorer l'accès au crédit en réduisant l'asymétrie de l'information entre prêteurs et emprunteurs et en finançant l'établissement de bureaux de crédit privés et de registres de crédit publics.

En outre, la fourniture de services de soutien aux PME peut faciliter leur transition du secteur informel au secteur formel et améliorer leur accès au crédit. Le secteur privé devrait également trouver des méthodes novatrices pour surmonter les obstacles qui freinent l'accès des PME au crédit. Il serait notamment possible de recourir au financement de la chaîne de valeur et au crédit-bail pour contrer l'absence de garantie.

Le financement de la chaîne de valeur (aussi appelé financement de la chaîne logistique) s'entend par exemple d'un fournisseur qui vend à crédit des intrants, tels que des engrais, à un agriculteur (ou aux membres d'un groupement agricole) sous réserve que ces intrants soient remboursés après la récolte. Ce type de financement a été utilisé avec succès dans les secteurs agricoles du Ghana et du Mozambique (Beck et al, 2011). Les institutions régionales de financement du développement peuvent également jouer un rôle déterminant dans l'amélioration de l'accès des PME au crédit.

Ainsi, en 2012, la BAD a franchi une étape importante à cet égard en lançant le Fonds africain de garantie, financé en partenariat avec les gouvernements danois et espagnol. Le Fonds fournira des garanties financières aux institutions financières afin de les inciter à financer les PME. Les gouvernements africains devraient en priorité s'attacher à réduire le coût du crédit et du commerce, car il nuit à l'investissement et au commerce régional.

Développer et Renforcer
les Compétences de la Main-d'œuvre

Les entreprises nationales sont confrontées à une concurrence de plus en plus vive sur les marchés d'exportation en raison de la mondialisation. Leur aptitude à composer avec cette concurrence dépend en partie de leurs capacités technologiques, capacités qu'elles peuvent développer en recourant au transfert de technologies ou, au niveau national, en investissant dans l'éducation, la formation et la recherche-développement. Par rapport aux autres régions du monde, les pays africains n'investissent pas suffisamment dans ces domaines.

En 2009, le taux brut de scolarisation dans l'enseignement supérieur n'était que de 6 % en Afrique subsaharienne, alors qu'il était en moyenne de 27 % au niveau mondial (voir la figure 10). Qui plus est, l'Afrique consacre moins de 1 % de son PIB à la recherche développement, et ces dépenses ne représentent que 0,9 % des dépenses mondiales effectuées à cet égard (Données tirées des bulletins d'information nos 21 et 22 de l'Institut de statistique de l'UNESCO, décembre 2012). En conséquence, la pénurie de compétences essentielles constitue un problème de taille pour les entreprises africaines.

Un document de l'Organisation internationale du Travail (ILO, 2010) fournit un cadre stratégique pour le développement des compétences, soulignant qu'il devrait être axé sur une large disponibilité d'un enseignement de qualité, une harmonisation étroite de l'offre de compétences avec les besoins des marchés du travail, la possibilité donnée aux travailleurs comme aux entreprises de s'adapter aux changements qui interviennent dans la technologie et sur les marchés et l'anticipation des besoins futurs en compétences. Des éléments indiquent que les gouvernements africains accordent davantage d'attention à certaines de ces questions. Par exemple, au cours de la période comprise entre 1999 et 2009, le pourcentage de la population s'inscrivant à des programmes de formation technique et professionnelle est passé de 9 à 16 % en Afrique subsaharienne.

Le développement des compétences de la main-d'œuvre n'incombe cependant pas uniquement aux gouvernements. Le secteur privé peut également jouer un rôle à cet égard en offrant des formations en cours d'emploi et en contribuant au financement de programmes de formation et de recherche dans les universités et instituts de recherche.

Développer les Chaînes
de Valeur Locales et Régionales

Les chaînes de valeur locales et régionales ont un rôle essentiel à jouer dans l'élargissement de la base manufacturière des pays africains, le développement des capacités productives et le renforcement du commerce intra-africain. Les chaînes de valeur régionales offrent la possibilité d'améliorer le niveau de productivité et les normes de qualité, tant pour les entreprises nationales ayant un potentiel d'exportation que pour celles qui produisent des biens destinés principalement à satisfaire la demande nationale ou régionale. Grâce à ces chaînes de valeur, les entreprises nationales ayant un fort potentiel d'exportation mais éprouvant de la difficulté à faire face à la concurrence sur les marchés internationaux peuvent intégrer un maillon supérieur de la filière et devenir compétitives sur le plan international, ce qui les aide à se rattacher aux chaînes de valeur mondiales.

Environ 80 % des échanges mondiaux de marchandises se déroulent dans le cadre des chaînes de valeur. Par conséquent, si les pays africains veulent tirer davantage profit du système commercial, ils doivent intégrer les réseaux mondiaux.

L'expérience des pays asiatiques montre que les chaînes de valeur régionales sont généralement efficaces et viables si les entreprises sont présentes sur la scène mondiale. En Asie, ces chaînes de valeur échangent des biens intermédiaires au niveau régional et les utilisent pour produire des produits finis destinés à être exportés vers le reste du monde (notamment aux États-Unis et dans l'Union européenne).

On peut tirer une autre excellente leçon de l'expérience vécue dans d'autres régions en développement : la participation de grands et riches pays à des chaînes de production régionales augmente les chances de succès des chaînes de valeur régionales. La Chine et le Japon ont joué ce rôle en Asie. L'Afrique du Sud, l'Algérie, l'Égypte et le Nigéria font partie des pays africains qui peuvent jouer ce rôle dans le développement de chaînes de production régionales en Afrique.

Maintenir la Paix et la Sécurité

Le rétablissement de la paix et de la sécurité constitue le principal enjeu de l'Afrique en matière de développement ; cette question doit être l'une des pierres angulaires de tout train de mesures visant à développer le secteur privé et à stimuler le commerce intra-africain. L'insécurité est un problème récurrent sur le continent depuis les années 1960. Elle revêt diverses formes allant de la guerre civile à la violence criminelle en passant par les troubles politiques et les actes de terrorisme et de piraterie. Bien que des progrès significatifs aient été accomplis ces dix dernières années, plusieurs pays sont actuellement impliqués dans des conflits violents qui ont des conséquences désastreuses pour leur économie ainsi que pour le commerce et le développement de la région. En 2012, par exemple, on a observé des coups d'État dans au moins deux pays, des flambées de violence dans au moins trois, des actes de piraterie dans au moins deux et des attaques terroristes dans au moins deux.

L'insécurité nuit au développement des infrastructures, à l'investissement privé et à l'esprit d'entreprise.

En juillet 2002, l'Union africaine a pris une initiative audacieuse concernant les questions de paix et de sécurité en adoptant le Protocole relatif à la création du Conseil de paix et de sécurité de l'Union africaine, qui est entré en vigueur en décembre 2003.

Les gouvernements africains doivent accorder plus d'attention aux questions de paix et de sécurité car ces conditions sont nécessaires pour stimuler le commerce régional et promouvoir le développement du continent.

Le Régionalisme Développementiste

Une chose est certaine : le commerce intra-africain ne se développera pas en vase clos. C'est en effet seulement dans le cadre d'une stratégie globale visant à promouvoir le développement du secteur privé et l'intégration régionale sur le continent que les initiatives prises pourront aboutir et fructifier.

Un rapide tour d'horizon du continent montre que, si certaines sous-régions appliquent quelques éléments du modèle de l'intégration développementiste, aucun programme complet et cohérent n'a encore été élaboré ni mis en œuvre.

La comparaison avec l'expérience menée dans la sous-région asiatique du Grand Mékong permet de tirer des enseignements utiles pour améliorer la stratégie d'intégration africaine, en invitant les pays à y incorporer un volet développementiste et à s'attaquer aux contraintes qui limitent les capacités de production de biens et de services concurrentiels. L'un de ses principaux atouts est qu'en plus de favoriser l'intégration intrarégionale au profit de l'économie des pays membres, il leur offre aussi un tremplin pour devenir compétitifs et s'intégrer dans l'économie mondiale.

Le régionalisme développementiste passe en revue les outils et les éléments moteurs d'un programme d'intégration conduit par l'État, avec la participation active du secteur privé, à savoir notamment la politique industrielle et les initiatives telles que les zones économiques spéciales et les couloirs de développement.

On entend par régionalisme développementiste un modèle d'intégration fondé sur le développement qui offre les mêmes avantages que l'intégration régionale traditionnelle mais veille en plus à en faire profiter tous les pays membres et qui cherche à renforcer l'intégration de ces pays dans les marchés mondiaux pour favoriser le développement durable (UNCTAD, 2011).

Il est nécessaire d'accroître les capacités productives et d'améliorer la compétitivité pour que les entreprises locales puissent participer aux chaînes régionales et mondiales de valeur et être compétitives sur les marchés mondiaux.

Le régionalisme développementiste englobe la coopération dans le domaine du commerce, en mettant l'accent sur la promotion du commerce intrarégional et de l'intégration dans l'économie mondiale.

Mais la coopération dépasse le commerce pour toucher des domaines plus complexes tels que la politique industrielle. Il s'agit d'appliquer des politiques commerciales « stratégiques » (c'est-à-dire fondées sur des mesures plus ou moins classiques – promotion des exportations et mesures de protection sélective, par exemple) et de s'assurer qu'elles sont compatibles avec la politique industrielle de chaque État concerné.

C'est dans ce sens qu'il est possible de promouvoir le commerce régional en coordonnant les investissements réalisés dans des secteurs stratégiques tels que les transports régionaux et d'autres infrastructures connexes pour améliorer les liaisons entre les pays et faciliter l'extension des marchés.

Le régionalisme développementiste peut donc mettre en œuvre toute une série de mesures qui ne sont généralement pas utilisées dans les initiatives d'intégration fondées sur le marché.

Intégration Régionale
en Afrique

Depuis les indépendances, la plupart des pays
africains ont adhéré au régionalisme, voyant là un
moyen de surmonter les obstacles au commerce
intracontinental et d'améliorer la compétitivité de
leurs marchés, petits et fragmentés. Toutefois, le
modèle d'intégration suivi par les communautés
économiques régionales du continent est fondé sur le
modèle linéaire d'intégration des marchés, dans lequel
un groupe de pays forme d'abord une zone de libre-
échange, puis une union douanière, un marché
commun, une union économique et, enfin, une union
politique en supprimant progressivement les obstacles
aux transactions économiques et non économiques
entre les pays participants.

L'intégration des marchés selon le modèle linéaire
tendant à se concentrer sur les droits de douane et les
autres obstacles douaniers au commerce plutôt que de

prendre des mesures appropriées pour lever les contraintes pesant sur l'offre, un modèle axé sur le développement qui englobe la transformation structurelle, l'investissement, les services, les infrastructures régionales, le développement des entreprises et du secteur privé, le renforcement des capacités institutionnelles ainsi que la technologie et l'innovation pourrait avoir des effets beaucoup plus efficaces pour les pays africains (Hartzenberg, 2011).

En Afrique, le secteur privé et d'autres acteurs locaux ne prennent pas une part active aux initiatives d'intégration régionale, à la différence, par exemple, de l'Asie où le secteur privé joue un rôle essentiel dans leur formulation. Les problèmes de mise en œuvre continuent de miner les accords d'intégration africains ; le non-respect des délais d'application des réductions tarifaires et le non-respect au niveau national des dispositions contenues dans les accords régionaux sont monnaie courante, d'où les doutes émis par certains observateurs désabusés sur le sérieux des pays africains à l'égard d'une intégration fondée sur les règles.

C'est dans ce contexte que la nécessité de changer de modèle pour améliorer et relancer le programme d'intégration africain s'est imposée comme une évidence.

Les efforts d'intégration réalisés en Afrique ont toujours eu pour objectif la réduction des obstacles tarifaires et non tarifaires. Toutefois la croissance et le développement ne seront jamais au rendez-vous tant que les pays ne s'attaqueront pas dans le même temps aux problèmes que constituent la faiblesse des infrastructures, le manque de diversification, les limites imposées par des marchés petits et fragmentés et la faiblesse du secteur privé.

Il existe aussi des obstacles à une véritable intégration, et plus particulièrement à l'augmentation du commerce intra régional, qui sont inhérents à certains accords en vigueur, notamment dans des dispositions très précises, par exemple, sur les règles d'origine. Ces règles sont un élément essentiel des accords commerciaux préférentiels. En déterminant l'origine des produits, elles sont l'instrument qui est utilisé pour prévenir le déplacement des flux commerciaux et garantir que seuls les États parties à l'accord bénéficient des préférences tarifaires négociées. Toutefois, comme les droits d'importation, ces règles peuvent aussi, naturellement, servir à protéger l'industrie nationale contre la concurrence des produits importés. Il est donc important de trouver un juste équilibre entre la nécessité d'empêcher le déplacement des flux commerciaux et celle de ne pas trop pénaliser les entreprises qui sont obligées de se fournir en intrants auprès de certaines sources et d'adapter leur processus de production pour satisfaire aux dispositions en matière de règles d'origine afin de bénéficier de l'accès préférentiel aux marchés.

L'Afrique aurait beaucoup à gagner d'un modèle de « régionalisme développementiste » qui utilise l'intégration pour renforcer la base industrielle et s'attaquer aux contraintes liées à l'offre qui pèsent sur le développement du secteur privé en vue d'améliorer la compétitivité internationale. Certains observateurs estiment que, pour relever le défi de la transformation économique, l'élaboration et la réalisation des initiatives d'intégration régionale doivent s'inscrire dans le cadre d'un programme de développement plus large qui favorise la diversification économique, la transformation structurelle et le développement technologique, et améliore ainsi les capacités productives des pays africains, facilite les économies d'échelle et le développement des infrastructures et contribue à l'industrialisation.

Les Leçons de l'Asie du Sud-Est

L'histoire du programme de coopération économique de la sous-région du Grand Mékong en Asie du Sud-Est illustre bien la manière dont l'intégration régionale et, notamment, le régionalisme développementiste peut être utilisée et adaptée selon la conjoncture nationale et mondiale pour favoriser et appuyer le développement et la transformation économiques. La Banque asiatique de développement a joué un rôle essentiel dès le départ pour garantir la bonne gestion du programme en fournissant aux pays membres des conseils et du financement. Compte tenu de la lente progression de l'Afrique à ce jour en matière d'application des initiatives d'intégration régionale, les responsables politiques du continent pourraient s'inspirer de l'expérience et des enseignements de ce programme asiatique.

En 1992, les six pays situés le long du fleuve Mékong en Asie du Sud-Est, dont le Cambodge, Chine, Myanmar, République démocratique populaire lao, Thaïlande et Viet Nam ont lancé un programme sous régional de coopération économique, avec l'aide de la Banque asiatique de développement, pour promouvoir le développement de la sous-région en renforçant les relations économiques entre eux. La stratégie à la base de cette initiative, baptisée Programme de coopération économique de la sous-région du Grand Mékong, était d'intégrer les pays participants par l'amélioration des infrastructures, qui a consisté en premier lieu à éliminer les obstacles aux liaisons sous régionales, de manière à faciliter le commerce et l'investissement et à stimuler la croissance économique.

Le premier cadre de planification du développement – le cadre stratégique décennal (2002-2012) – a été adopté par les dirigeants des pays de la sous-région en novembre 2002. Il contenait cinq objectifs stratégiques : a) renforcer les liens d'infrastructure, selon une approche multisectorielle ; b) faciliter le commerce, l'investissement et le tourisme transfrontières ; c) renforcer la participation du secteur privé et améliorer la compétitivité ; d) développer les ressources humaines et les compétences ; et e) protéger l'environnement et promouvoir l'utilisation durable des ressources naturelles communes.

Au cours des vingt dernières années, le programme a beaucoup contribué à l'intégration et à la prospérité de la sous-région du Mékong où le développement socioéconomique et la réduction de la pauvreté ont fortement progressé depuis le début des années 1990.

En juin 2012, les projets réalisés avaient fait l'objet d'un investissement total de quelque 15 milliards de dollars (ADB, 2012b). Les programmes nationaux de développement ont bénéficié des projets régionaux en ceci que ces projets ont contribué à surmonter les obstacles géographiques, à intégrer les marchés régionaux et à promouvoir de nouveaux débouchés économiques.

Favoriser le Régionalisme
Développementiste en Afrique

Tandis que l'Afrique continue d'encourager l'intégration économique régionale qu'elle considère être un élément essentiel de sa stratégie collective de transformation et de développement, plusieurs initiatives et domaines de coopération se dégagent, qui permettraient de faire avancer le programme de régionalisme développementiste.

On peut citer notamment l'utilisation de la politique industrielle (aux niveaux national et régional), des couloirs de développement et des zones économiques spéciales qui sont autant d'outils permettant de stimuler le commerce intra-africain et de promouvoir l'industrialisation, ainsi que de développer les chaînes régionales de valeur pour accroître des capacités productives et encourager ainsi le développement économique.

Les Politiques Industrielles

Les pays africains reconnaissent que les gouvernements doivent promouvoir le développement industriel à travers des politiques industrielles volontaristes, et de nombreux pays commencent à revoir leurs stratégies de développement dans ce domaine.

De plus, la politique industrielle doit tenir compte des relations et des liens existant entre les différents secteurs économiques et doit donc veiller à soutenir les activités manufacturières de base, tout en reconnaissant le rôle complémentaire que doit jouer l'agriculture et la contribution essentielle des services dans toute activité économique. En effet, un secteur manufacturier ne sera pas compétitif sans l'appui de services compétitifs. Pour être efficaces, les politiques industrielles doivent être taillées sur mesure pour répondre aux besoins et faire face aux enjeux de chaque pays et de ses entreprises.

L'interaction et la coordination entre l'État et le secteur privé permettront aussi aux décideurs d'avoir une perception claire des contraintes auxquelles les entreprises locales et leurs dirigeants font face, ce qui devrait avoir un effet positif sur l'élaboration et l'application des politiques.

Comme le destin économique des pays africains est étroitement lié, chaque gouvernement a intérêt à pousser l'industrialisation de son pays, non seulement pour encourager sa transformation structurelle mais aussi pour favoriser le développement industriel régional. Les politiques industrielles nationales devraient être complétées par des politiques industrielles régionales pour profiter des débouchés offerts par les espaces régionaux intégrés plus étendus, faciliter l'accès des entreprises nationales aux infrastructures et aux services et établir des complémentarités commerciales entre les secteurs nationaux de la région en développant, par exemple, des chaînes de valeur industrielle régionales.

L'industrialisation de l'Afrique peut contribuer à stimuler le commerce intra-africain et à favoriser les objectifs d'intégration régionale s'il existe une coordination adéquate entre l'État et le secteur privé et si les deux projets s'inscrivent dans une conception industrielle partagée par les pays membres des communautés économiques régionales.

Les Zones Économiques Spéciales

Au cours des dernières décennies, bon nombre de pays en développement, notamment en Asie de l'Est et en Amérique latine, ont installé des zones économiques spéciales en vue d'accroître la compétitivité industrielle, d'attirer les IED, de développer et de diversifier les exportations et d'expérimenter de nouvelles politiques et stratégies de développement industriel (FIAS, 2008).

Les zones économiques spéciales peuvent être définies de façon classique comme des zones géographiques délimitées à l'intérieur des frontières d'un pays où l'activité économique est régie par des règles différentes généralement plus libérales de celles qui prévalent sur le territoire national (World Bank, 2012) et qui visent à attirer des investissements orientés vers l'exportation. Les zones économiques se veulent un outil pour le commerce, l'investissement et la politique d'aménagement industriel visant à remédier aux obstacles qui freinent l'investissement dans le reste de l'économie, parmi lesquels des politiques restrictives, une mauvaise gouvernance, des infrastructures insuffisantes et un accès difficile à la terre (Farole, 2011), et ainsi à attirer les IED, atténuer un chômage important et/ou appuyer un programme de réforme économique plus général (Altbeker et al., 2012).

Les zones économiques spéciales peuvent prendre différentes formes selon l'objectif recherché : zones franches industrielles, zones de libre-échange, zones d'entreprises et ports francs, notamment. Depuis le milieu des années 1980, le nombre de nouvelles zones a augmenté rapidement dans pratiquement toutes les régions, même si elles ont connu des fortunes diverses. Si la mise en œuvre de zones économiques spéciales a donné des résultats remarquables dans certains pays, dont la Chine, l'Inde, la Malaisie et la République dominicaine, bon nombre ne sont pas parvenues, en Afrique, à atteindre les objectifs voulus et ont été critiquées à divers titres : transfert de rentes, absence de contribution au renforcement des économies locales, faible compétitivité, forte intensité capitalistique et divers griefs sociaux et liés au travail (World Bank, 2012).

De manière générale, les pays africains en sont venus tardivement aux zones économiques spéciales, la plupart des programmes n'ayant été engagés qu'à la fin des années 1990 et dans les années 2000. C'est significatif dans la mesure où le climat économique mondial actuel présente des différences importantes avec celui des années 1970 et 1980, où la croissance des zones économiques spéciales et leur contribution efficace à un développement tiré par les exportations dans des régions qui connaissaient un essor rapide a résulté en partie d'une période sans précédent de mondialisation des échanges et de l'investissement et du progrès des chaînes de valeur mondiales.

Aujourd'hui, les pays africains doivent faire face à un environnement plus compétitif résultant de la consolidation des chaînes de valeur mondiales, de l'apparition et du renforcement de « l'usine Asie » (nom donné au réseau de chaînes de valeur régionales situées en Asie qui desservent les marchés mondiaux), du développement des accords commerciaux régionaux, du ralentissement de la demande dans les marchés d'exportation traditionnels, de l'augmentation du commerce et de l'investissement Sud-Sud et de l'accroissement des possibilités de délocalisation de services (World Bank, 2012).

Les zones économiques africaines pourraient devenir un cadre de plus en plus attrayant pour les investisseurs nationaux et étrangers pour la commercialisation sur les marchés régionaux. Compte tenu des problèmes d'échelle rencontrés par la plupart des pays africains et des coûts de transaction significatifs des activités de production et de commerce international, la mise en valeur du potentiel des zones économiques spéciales comme tremplin vers les marchés régionaux constitue une chance importante (Dobronogov and Farole, 2012).

Relier les zones économiques spéciales régionales à des investissements dans les infrastructures commerciales essentielles (ports, routes, projets énergiques, etc.), ainsi qu'aux atouts sectoriels du pays et au marché du travail local, de façon à créer des couloirs économiques pour le développement, pourrait être une nouvelle stratégie très efficace pour renforcer la compétitivité et améliorer la croissance (Farole and Akinci, 2011).

Le développement des zones économiques spéciales au cours des trente dernières années indique que l'échec ou le succès d'une zone dépend du climat d'investissement, de l'ensemble des politiques et des incitations, du lieu d'implantation, de la façon dont elle est mise en valeur et gérée et d'aspects plus généraux propres à l'économie nationale. L'expérience internationale permet de dégager des enseignements utiles sur les facteurs qui déterminent les chances de succès d'un programme de zones économiques spéciales. Les exemples donnés ici concernent deux pays : la Chine et Maurice. Les zones économiques spéciales chinoises ont été créées officiellement en 1979 pour favoriser le passage d'une économie autocentrée à planification centrale à la libéralisation économique. La Chine a d'abord créé quatre zones dans la région côtière du sud-est du pays. En 1984, quatre villes côtières chinoises ont créé des zones de développement industriel et technologique, qui ont souvent développé des agglomérations d'entreprises centrées sur un secteur spécifique. Le nombre de zones a augmenté rapidement tout au long des années 1980 et 1990 ; plus de 200 zones de différents types offrant une fiscalité avantageuse et des infrastructures de niveau international ont aujourd'hui été créées dans le pays. La stratégie chinoise consistant à utiliser les zones comme des laboratoires pour expérimenter l'application de politiques et de stratégies nouvelles, autrement dit à adopter des politiques économiques libérales et à les mettre à l'essai dans les zones avant de les étendre au reste du pays, a contribué fortement à l'expansion chinoise, le pays devenant le principal exportateur mondial de produits manufacturés et le principal destinataire de l'IED parmi les pays en développement.

En particulier, les programmes de zones économiques spéciales devront être centrés sur les aspects où elles peuvent le mieux compléter et soutenir des sources durables d'avantage comparatif. Le succès du modèle des zones économiques spéciales en Afrique dépendra d'un certain nombre de facteurs.

L'économie mondiale a connu des changements significatifs au cours des dernières années et les éléments fondamentaux d'une intégration régionale réussie et de la compétitivité sur le plan mondial ne sont plus les mêmes aujourd'hui que les éléments qui étaient jugés indispensables il y a trente ans.

Pour promouvoir la compétitivité des entreprises africaines et accroître le commerce intra-africain, une suite effective doit être donnée aux engagements pris. Gages d'équilibre, des mécanismes solides de règlement des différends seraient le signe d'une volonté ferme de faire prévaloir une gouvernance fondée sur des règles du processus d'intégration et de développement et favoriseraient une action effective. L'Afrique est bien placée pour tirer parti des évolutions dans le secteur des ressources et pour s'engager dans une nouvelle voie vers l'industrialisation en participant aux chaînes de valeurs régionales et mondiales. Ce regain d'importance du développement industriel et de la diversification permet d'envisager une nouvelle trajectoire de développement. Les éléments d'une politique régionale centrée sur le développement sont présents dans nombre de groupements économiques régionaux africains mais il n'existe pas encore de stratégie cohérente d'intégration africaine. Tel pourrait être cependant le modèle de développement de l'Afrique pour le XXIe siècle.

Dynamisme du Secteur Privé

Lors du Sommet de l'Union africaine en janvier 2012, les dirigeants africains ont réaffirmé leur engagement politique de dynamiser le commerce intra-africain dans le contexte de l'intégration économique régionale. Leurs motivations vont de la nécessité de promouvoir une croissance soutenue et la transformation économique à la volonté d'isoler l'économie des pays africains des chocs extérieurs et d'élargir le commerce régional en mettant à profit la récente croissance économique enregistrée en Afrique et l'émergence d'une classe moyenne. Dans ce contexte, l'expansion du commerce intra-africain est considérée comme un important moyen de stimuler la croissance, de créer des emplois et de promouvoir le développement économique à l'échelle du continent.

De précédentes tentatives faites pour promouvoir le commerce régional et l'intégration régionale en Afrique avaient donné au mieux des résultats modestes, cela s'expliquant en partie par une application insuffisante des accords par les États, des chevauchements dans la composition de différents blocs commerciaux régionaux, l'absence de transformation structurelle, une répartition inéquitable des coûts et des avantages de l'intégration, la fixation d'objectifs et d'échéanciers irréalistes, et l'absence de participation au processus d'acteurs locaux essentiels, s'agissant en particulier du secteur privé.

Enfin, s'agissant des moyens de stimuler le commerce intra-africain dans le contexte d'un régionalisme développementiste, il considère celui-ci comme un facteur d'intégration s'inscrivant dans une optique de développement, visant à concrétiser les avantages traditionnels de l'intégration régionale au bénéfice de tous les pays considérés et à renforcer l'intégration de ceux-ci dans les marchés mondiaux afin de promouvoir un développement durable.

Le commerce intra-africain a augmenté en valeur nominale et en valeur réelle. Sur la période de 2000-2012, le commerce intra-africain a augmenté d'un facteur 4,2 en valeur nominale et d'un facteur 1,8 en valeur réelle. En valeur nominale, il s'est établi à plus de 150 milliards de dollars en 2012, contre 32 milliards en 2000. Toutefois, mesuré en valeur réelle (aux prix constants de 2000), il est passé de 32 milliards de dollars en 2000 à plus de 50 milliards de dollars en 2012.

La part du commerce intra-africain dans le commerce africain total a sensiblement diminué. La progression du commerce intra-africain au cours de la dernière décennie s'est accompagnée d'une diminution de sa part dans le total du commerce africain. La part du commerce intra africain dans le commerce total est passée de 19,3 % en 1995 à un niveau record de 22,4 % en 1997, pour retomber ensuite à 11,5 % en 2012.

Cette évolution tient au fait que le commerce africain avec le reste du monde a progressé beaucoup plus vite que le commerce intra-africain.

Les communautés économiques régionales africaines ont tendance à réaliser une part importante de leurs échanges commerciaux en Afrique au sein de leurs propres blocs commerciaux régionaux. À l'exception de la Communauté économique des États de l'Afrique centrale (CEEAC), un pourcentage très élevé du commerce africain réalisé par chaque communauté économique régionale correspond à un commerce intra régional, d'où il ressort que la formation de ces communautés a des incidences positives sur le commerce au sein de chaque bloc considéré.

L'importance du commerce intra-africain varie sensiblement selon les pays. Bien que la part du commerce intra-africain dans le commerce africain total soit relativement faible, elle est très élevée pour un certain nombre de pays. Par exemple, pour la période 2007-2011, les exportations intra-africaines ont représenté 40 % au moins des exportations totales dans neuf pays : Bénin, Djibouti, Kenya, Mali,

Ouganda, Rwanda, Sénégal, Togo et Zimbabwe. S'agissant des importations, 11 pays ont importé 40 % au moins de leurs marchandises d'autres pays africains au cours de la même période : Botswana, Burkina Faso, Lesotho, Malawi, Mali, République démocratique du Congo, Rwanda, Sierra Leone, Swaziland, Zambie et Zimbabwe. Concernant la part du commerce intra-africain dans le PIB, cinq pays seulement (Botswana, Lesotho, Malawi, Swaziland et Zimbabwe ont affiché des parts supérieures à 30 % pour la période 2007-2011.

Un potentiel inexploité de commerce intra-africain existe dans de nombreuses catégories de produits, en particulier les produits alimentaires et agricoles. L'Afrique possède 27 % environ des terres arables dans le monde qui pourraient être exploitées pour accroître la production agricole, et cependant de nombreux pays africains importent des produits alimentaires et agricoles de pays d'autres continents.

La part de la production manufacturière dans le commerce intra-africain est plus élevée que sa part dans le commerce africain avec le reste du monde. La part de la production manufacturière dans le commerce intra-africain a toutefois diminué au cours de la dernière décennie. Sur la période 2007-2011, elle a été d'environ 43 %, contre 14 % environ pour la part de cette production manufacturière dans le commerce africain avec le reste du monde.

Les investissements intra-africains ont augmenté au

cours de la dernière décennie, le secteur des services représentant 68 % des nouvelles transactions portant sur des investissements de création de capacités.

Les données disponibles montrent que les investissements intra-africains occupent une place de plus en plus importante dans plusieurs pays africains. Par exemple, entre 2008 et 2010, plus de 20 % du stock intérieur total d'IED du Botswana, du Malawi, du Nigéria, de l'Ouganda et de la République-Unie de Tanzanie provenaient d'autres pays africains.

L'économie informelle occupe une large place dans les pays africains et la taille moyenne des entreprises manufacturières africaines est relativement modeste. De récentes études indiquent qu'en Afrique subsaharienne, l'économie informelle représente 38 % du PIB, contre 18 % en Asie de l'Est et dans le Pacifique, 27 % au Moyen-Orient et en Afrique du Nord, 25 % en Asie du Sud et 35 % en Amérique latine et dans les Caraïbes. L'économie informelle freine le développement des entreprises et empêche de tirer pleinement parti du potentiel du commerce africain du fait que les entreprises du secteur informel ne sont pas enregistrées et fonctionnent en dehors du cadre juridique et administratif établi, ce qui signifie qu'elles n'ont qu'un accès très limité aux mesures publiques de soutien, aux infrastructures de base ou aux moyens de financement nécessaires pour assurer la croissance des entreprises.

La taille et la productivité des entreprises influentes sensiblement sur les exportations et sur les possibilités de stimuler le commerce intra africain. Les études réalisées sur des entreprises manufacturières montrent que la taille et la productivité individuelle des entreprises locales influent beaucoup sur leur capacité d'exportation. La taille influe directement sur le niveau des exportations, car les entreprises encourent des coûts additionnels lorsqu'elles exportent vers des marchés éloignés et doivent donc opérer à une certaine échelle pour pouvoir supporter ces coûts et faire de l'exportation une activité rentable.

Les entreprises manufacturières africaines ont une plus faible productivité du travail que les entreprises d'autres régions du monde en développement. Les coûts de main-d'œuvre et la productivité du travail influent sur le niveau de compétitivité d'une entreprise et sur sa capacité d'exporter. On a constaté que les entreprises manufacturières africaines avaient une plus faible productivité du travail que celles d'autres continents.

En Afrique, la productivité du travail par travailleur est de 4 734 dollars, contre 6 631 dollars en Asie de l'Est, 8 890 dollars en Amérique latine et dans les Caraïbes et 10 297 dollars en Europe orientale et en Asie centrale.

Recommandations

Le monde change, qu'il s'agisse de la structure économique, des flux commerciaux, de la gouvernance mondiale ou encore de la pensée économique dominante. Il est donc important que les pays africains changent aussi leur façon d'appréhender le commerce régional et l'intégration régionale afin de s'adapter à ce monde en mutation rapide.

L'accélération du commerce intra-africain dépendra beaucoup de la capacité des pays africains de promouvoir l'entreprenariat et de renforcer les capacités d'offre, d'instituer un mécanisme crédible de dialogue entre l'État et les entreprises, de créer des chaînes de valeur régionales, d'appliquer les accords régionaux existants, de repenser leur approche de l'intégration régionale et de maintenir la paix et la sécurité.

Promouvoir l'entreprenariat et renforcer les capacités d'offre sont deux éléments essentiels pour accroître la capacité des entreprises africaines de produire et d'exporter des biens sur les marchés aussi bien régionaux que mondiaux.

Les gouvernements africains devraient également faciliter la promotion et la croissance des entreprises en améliorant l'accès, en particulier des PME, aux moyens de financement et aux services aux entreprises. La création de bureaux et de registres du crédit pour réduire l'asymétrie d'information entre prêteurs et emprunteurs est un moyen d'élargir l'accès des PME au financement.

Les grandes entreprises (nationales et étrangères) peuvent également contribuer à l'établissement de relations interentreprises en fournissant aux PME une information sur les possibilités de participer à leurs chaînes d'approvisionnement et aussi en investissant dans des programmes d'éducation et de formation visant à renforcer les compétences des communautés locales.

Les gouvernements africains devraient également s'attaquer aux contraintes que fait peser sur le commerce intra-africain le manque d'infrastructures pour les transports, l'énergie, les communications et l'eau.

Les gouvernements africains doivent enfin avoir recours à des incitations économiques pour aider les entreprises locales à développer les capacités d'innovation indispensables au succès d'une activité exportatrice.

L'institution d'un mécanisme crédible de dialogue entre l'État et les entreprises est également nécessaire pour libérer le potentiel du secteur privé, renforcer les capacités productives et améliorer les possibilités de stimuler le commerce intra-africain.

Les gouvernements africains doivent donc tenir des consultations régulières avec le secteur privé pour mieux comprendre les contraintes auxquelles sont confrontées les entreprises et concevoir les moyens d'y remédier. L'information ainsi obtenue est indispensable pour formuler des politiques efficaces de promotion de l'entreprenariat et du commerce intra-africain.

La transparence des relations avec le secteur privé et aussi la participation de la société civile au dialogue entre entreprises et pouvoirs publics sont un bon moyen de réduire les risques de corruption et d'acquisition de rentes.

Le développement de réseaux régionaux de production ou de chaînes de valeur régionales est indispensable pour améliorer la compétitivité et les normes de qualité et élargir la base manufacturière des pays africains.

Toutefois, des chaînes de valeur régionales ne tiennent leurs promesses et ne sont viables à terme que si elles ont un prolongement mondial. À cet égard, les pays africains devraient considérer le développement de réseaux régionaux de production comme un élément d'une stratégie globale visant à l'amélioration de la compétitivité internationale et à l'intégration du continent dans l'économie mondiale.

L'application insuffisante par les pays africains des accords commerciaux régionaux constitue un frein au commerce intra-africain.

Les grands pays africains et les pays dotés d'abondantes ressources doivent plus spécifiquement faire preuve d'initiative en la matière. Il est recommandé qu'ils envisagent d'affecter un petit pourcentage des revenus qu'ils tirent soit du commerce régional, soit de l'exploitation de leurs ressources, au développement d'infrastructures régionales et également au financement d'un fonds d'intégration qui servira à renforcer les capacités d'offre dans les petits pays africains risquant d'être pénalisés à court terme par l'intégration régionale.

Il est également recommandé que les gouvernements africains réduisent leur dépendance à l'égard des ressources provenant de donateurs en redoublant d'efforts pour mobiliser les ressources intérieures.

Stimuler le commerce intra-africain pour créer des emplois, promouvoir l'investissement, encourager la croissance et renforcer l'intégration des pays africains dans l'économie mondiale est l'un des principaux objectifs de l'intégration régionale en Afrique.

En 2012, les dirigeants africains ont réaffirmé leur engagement politique de renforcer le commerce intra-africain et ont décidé d'accélérer la mise en place d'une zone de libre-échange à l'échelle du continent.

Conclusion

Les États-Unis constituent une très grande société de consommation, et qui pense consommation voit renouvellement et diversification de stocks. Donc, un véritable besoin de plusieurs fournisseurs afin d'éviter des ruptures de stocks, sécurisation de stocks assurée et par conséquent atténuer les possibilités d'inflation. Il faudrait que les gouvernements et les citoyens africains s'engagent de façon résolue dans la création d'un environnement favorable à l'éclosion des Petites et Moyennes Entreprises et surtout aider la transition de l'artisanat vers la petite et moyenne industrie. Aux Usa, même l'artisanat est un secteur porteur de plusieurs millions de dollars. Mais aussi, il faut souligner que dans la plupart des villes et communes plus précisément, il y a un parc industriel ou d'affaires. Ce qui contribue d'une part à créer des emplois, mais aussi à créer de la richesse pour la localité d'accueil d'autre part. En outre, cela contribue à fixer les citoyens dans leur terroir, et atténuer le phénomène de l'exode.

Bien vrai qu'actuellement, ce phénomène d'exode existe bien aux Usa, causé entre autres raisons, par l'augmentation des coûts du loyer, et par les désastres naturels. Dans le New England par exemple, il existe au moins un parc industriel dans presque chaque commune/ville, constitué en grande majorité des Petites et Moyennes Entreprises. Faudrait-il souligner que tous les États du New England réunis font approximativement la moitié de la superficie de la République du Congo.

En fait, si actuellement le taux chômage aux USA baisse de 8% à 7%, c'est grâce en partie à des millions de small business ou Petites et Moyennes Entreprises. Deux tiers de tous les nouveaux emplois sont créés par ces small business ; et elles embauchent la moitié de la main-d'œuvre de tout le secteur privé. Par ailleurs, les Petites et Moyennes Entreprises sont le moteur de l'innovation, et de la prospérité de plusieurs Américains dont les minorités et les femmes.

Cette réduction du taux de chômage est, en outre, la résultante de politiques incitatives mises en place par les gouvernements (fédéral et locaux) d'une part, mais aussi grâce à d'entreprenants citoyens. Il y a également les aspects d'ordre culturel et idéologique qui ont beaucoup contribué au développement des small business, notamment le « American dream » ou rêve américain présent dans l'esprit de tous, et aussi, la promotion du « ownership » ou de la propriété privée, dont les entreprises familiales. Le gouvernement a initié des réformes de la fiscalité des small business, de l'assurance santé de leurs employés, et des régulations contraignantes, uniquement pour faciliter le développement des Petites et Moyennes Entreprises. Au niveau des banques ou au niveau des agences gouvernementales spécialisées, des politiques ont été adoptées, des lignes de crédits renouvelés et des formations effectuées.

Ceci étant, il faut simplement comprendre que ces initiative de l'administration Obama vise à inciter les Américains à investir dans les Petites et Moyennes Entreprises pour créer de la richesse. Car, il n'est pas du ressort du gouvernement de créer de la richesse. En créant donc la richesse, le citoyen par ses cotisations d'impôt, participe à la formation de la richesse locale et fédérale. Et c'est de cette richesse fédérale que la coopération internationale américaine finance le développement de pays pauvres comme en Afrique. En effet les finances du Millenium Challenge Account initiative (MCA) ne viennent nulle part d'autre que de la « Tax payer money » ou argent du contribuable américain. Et pendant ce temps, le potentiel contribuable des pays africains ne contribue même pas à l'économie des pays. En effet, si chacun des quatre (4) millions potentiels contribuables dans un pays comme la République du Congo cotisait au moins 2 500 FCFA (5$) d'impôt par mois, cela ferait 300 milliards de francs CFA (150 Millions de dollars) par année. Le gouvernement pourrait alors assurer plus d'investissements pour l'éducation, la santé, l'eau, et les infrastructures.

Et même assurer plus de bourses aux étudiants. Tout de même, il pourrait augmenter les réserves nationales.

Je pense qu'il est temps que nous nous réveillions. Les générations précédentes ont fait ce qui était en leur capacité. Elles ne font que nous accompagner et nous apprendre à considérer le monde d'un œil différent, en posant les bases d'une démocratie et de la liberté de presse, en réformant la fiscalité, en initiant des projets d'infrastructures, en favorisant la coopération Sud-Sud entre autres initiatives : en somme raisonner grand ensemble économique. La continuité nous incombe, et devrait être assurée par nous, la génération née après les conférences nationales des années 1990, en adoptant des idées novatrices et en osant rompre avec certaines pesanteurs culturelles et administratives. Nous ne devons compter que sur nous-mêmes, et nous départir des futilités, surtout de l'ego, des croyances et pratiques futiles qui ne font que retarder l'Afrique. Il nous faut travailler dans la discipline, seuls les pays travailleurs avec moins de jours de congé, deviennent émergents.

Nous sommes à l'époque de la globalisation et de l'Internet, profitons-en, saisissons les opportunités. Ce qui se fait dans les usines américaines ou mexicaines est bien faisable en Afrique. Donc les privés africains doivent exploiter le cadre de l'Agoa pour innover et pour s'adapter aux réalités de la « globale économie ». De même, il serait bénéfique, d'établir des « joint-ventures » et amener le privé américain à délocaliser certaines unités de production ou de montage dans les pays africains.

L'Américain raisonne toujours en termes d'intérêt, de bénéfice, de coût amoindri, et enfin de quantité et délai d'approvisionnement. Donc en connivence avec le gouvernement, il faudrait penser transformer « les villages artisanaux » qui existent dans chaque ville africaine, en parc d'affaires ou zone industrielle englobant production artisanale et production industrielle. Ceci dans le but de mieux faciliter la transition de l'artisanat à la semi-industrialisation.

Ce qui vient d'être énoncé n'est en fait qu'une modeste contribution pour encourager mes compatriotes qui sont très intelligents et imaginatifs, très distingués et appréciés, très courageux et patients. Et surtout, les inciter à prendre conscience que la croissance économique et la création d'emplois reposent sur l'initiative privée grâce notamment à la création et le développement de Petites et Moyennes Entreprises. Après avoir investi dans les Pme, il faudra vendre dans les grandes entités économiquement intégrées africaines pour assurer notre autosuffisance d'abord. Ensuite importons des devises étrangères en commerçant avec des pays comme les Usa, le Royaume uni, et l'Union européenne, la Chine, et bien d'autres. Il faut raisonner économie d'échelle. Tout en nous assurant que nos Pme se conforment et adhèrent aux normes de qualité standards de chaque marché ou zone cible. Nos réserves en devises étrangères faciliteront nos transactions futures, car atténuant les pertes de change dues à la faiblesse de notre monnaie.

Tout besoin humain peut être satisfait par un produit ou un service provenant d'une Pme. Donc l'être humain doit être la source d'inspiration en tout projet de business.

Références

I. Rapport du FMI sur les perspectives de l'Afrique subsaharienne 2012 ;

II. FMI : Perspectives de croissance reluisantes pour l'Afrique subsaharienne en 2014 ;

III. Perspectives **économiques** régionales : **Afrique** subsaharienne (FMI) ;

IV. Le FMI prédit à l'Afrique sub-saharienne une croissance soutenue ;

V. Rapport économique sur l'Afrique 2013 des Nations Unies ;

VI. Perspectives **économiques** des Etats de l'**Union** en 2013 (BCEAO) ;

VII. Développement **économique** en **Afrique Rapport** 2013 (UNCTAD) ;

VIII. **CEMAC** 2025 : Vers une **économie** régionale intégrée ;

IX. **Etat** de l'intégration en Afrique : Union **Africaine** ;

X. L'African Growth and Opportunity Act (AGOA).

Cet ouvrage a été composé par Edilivre

175, boulevard Anatole France – 93200 Saint-Denis
Tél. : 01 41 62 14 40 – Fax : 01 41 62 14 50
Mail : client@edilivre.com

www.edilivre.com

Tous nos livres sont imprimés
dans les règles environnementales les plus strictes

ISBN papier : 978-2-332-76393-8
ISBN pdf : 978-2-332-76394-5
ISBN epub : 978-2-332-76392-1
Dépôt légal : juillet 2014

© Edilivre, 2014

Imprimé en France, 2014

www.ingramcontent.com/pod-product-compliance
Lightning Source LLC
Chambersburg PA
CBHW020611270326
41927CB00005B/284